深度领导力

重塑自我、终身成长的行动指南

陈玮　著

DEEP LEADERSHIP

THE GUIDEBOOK FOR LIFELONG LEARNING AND REINVENTION

机械工业出版社
CHINA MACHINE PRESS

本书主要探讨作为一个领导者如何持续成长，再造自我。内容涉及我们如何定义人生和成功、如何管理老板、如何应对自己的致命伤、如何在人生的五大领域持续精进、如何使自己总是能量满满、如何更好地学习、如何应对一个难交流的同事、如何思考自己的人生使命、如何成为一个更好的领导者、如何创造一个促进人持续成长的文化和组织，等等。

图书在版编目（CIP）数据

深度领导力：重塑自我、终身成长的行动指南/陈玮著．
—北京：机械工业出版社，2020．4（2021．1重印）
ISBN 978-7-111-65090-4

Ⅰ．①深…　Ⅱ．①陈…　Ⅲ．①领导学-通俗读物　Ⅳ．①C933-49

中国版本图书馆CIP数据核字（2020）第044205号

机械工业出版社（北京市百万庄大街22号　邮政编码100037）
策划编辑：坚喜斌　　责任编辑：坚喜斌　刘林澍
责任校对：张莎莎　　责任印制：孙　炜
北京联兴盛业印刷股份有限公司印刷

2021年1月第1版·第5次印刷
145mm×210mm·8．375印张·3插页·165千字
标准书号：ISBN 978-7-111-65090-4
定价：59．00元

电话服务
客服电话：010-88361066
010-88379833
010-68326294

网络服务
机　工　官　网：www. cmpbook. com
机　工　官　博：weibo. com/cmp1952
金　　书　　网：www. golden-book. com
机工教育服务网：www. cmpedu. com

推荐序

认识陈玮先生有15年了。

近几年陈玮投身教育，在北京大学汇丰商学院担任教授，并创办了汇丰创讲堂，邀请深圳创新创业成功人士分享经验与观点。我曾受邀在创讲堂演讲，与深圳年轻一代企业家近距离交流，感受到他们活跃和积极的态度，对于企业管理提出了新的思考和认知，让我印象深刻。

领导力是一个全球性问题，新冠疫情目前在全世界大爆发，我们看到各国领导人和政府的态度和措施，但更深刻的变化是世界各地涌现出了群众性、集体性、自发性的领导力，为世界应对严峻的挑战带来了希望！我相信未来不管是环境保护问题、贫富差距问题、教育问题、全球化问题、AI等技术进步带来的挑战等问题，都需要集体智慧和团队领导力来解决。

陈玮对于“深度领导力”进行研究，关注领导者的个人修炼以及组织的持续成长，这也是我一直以来非常关注的。六年前我在剑桥大学访学时创办了深潜训练营，推动企业家的成人可持续教育，把具有团队精神的赛艇运动与领导力训练结合起来，从心理学和行为学角度，启发企业家重新定义自己成功的目标，关注自我认知和终身学习，从而给自己、家庭、企业和社会带来积极影响和变化。

中国过去40年的快速发展，国家、民族正进行史无前例的自我更新。面向未来的不确定性，一大批企业家作为重要的社会个体正在经历自我认知和自我重塑的过程。更多的企业家关注组织领导力的更新和进化，我相信这对于社会的进步具有重要的意义。

王石

万科创始人

2020年4月4日

前　言

《人类简史》的作者尤瓦尔·赫拉利（Yuval Noah Harari）是一名历史学家，他是以色列希伯来大学的一名教授。他提出了一个非常重要，并且与每个人都相关的见解：

2050 年，我们都不知道世界会变成什么样，但有一点我们知道，从现在到 2050 年，我们最大的一项任务是要持续地重塑自己、再造自己。

显而易见，重塑与再造自己是一个极为艰难的旅程。

脱胎换骨、浴火重生、凤凰涅槃等，中国人的这些说法，反映了重塑和再造自己的艰难。

但如果重塑和再造自己是未来生存和发展的唯一出路，我们就应该马上行动起来，开始这种探索。我希望以本书为契机，寻找重塑和再造自己的同行者，开始我们共同的探索之旅。

我自己曾经长时间担任管理者和领导者，一路走来有很多教训和反思。有些是战略上的失误，有些是团队领导上的问题，有些是模式和体系设计中的遗憾。但这些经历，在不同方面和程度上改变了我，重塑了我。在这里，我想分享自己在一个方面的演变：同理心的发展。

同理心是人生在世非常重要的一项素质。不管做什么，我们都需要同理心，因为我们活在人的世界，人又是高度群居性的、社会性的。我们时时刻刻都要与人交往，我们需要拥有更好的对他人的理解、对他人的关怀；同时，我们也渴望得到他人的理解、他人的关怀。

什么是同理心呢？有人说就是设身处地、将心比心。我对同理心的一个简单的定义是：能感受到他人的想法的能力；没有经历他人的经历，但能感受他人感受的能力。

刚刚开始做管理者和领导者的时候，我是一个极度以自我为中心的人，我的意识中只有目标和结果，脑子里只有公司和老板，没有团队和个人，不会考虑他人的感受和需要。现在这样的管理者和领导者还真不少。

我的第一个教训，是在我30岁左右的时候到来的，那时我正担任耐克（Nike）公司华东区总经理的职务。我的一员重要大将突然提出要离职，这对我来说很意外，很震惊。

这位同事很正直、很聪明、很勤奋。他让我很省心。他告诉我要去另外一家公司，在我看来另一家公司所提供的职位和收入都没有现在的公司好。显然他是以脚投票的，投了对我的不信任票。很多人是因为公司而加入的，却因为老板而离开。有些人甚至愿意降薪离开一个老板或追随一个新老板。我真的这么差劲吗？

这件事让我感到很受伤。我感到不解，有点抱怨，有点愤怒，也觉得这是一种背叛。他为什么要走？我对他不错啊！

我想很多管理者和领导者都经历过这一关。

在跟他交流的过程中，我也试图去理解为什么他要这么做。他似乎没有从我这里得到什么，没有什么指引，没有什么鼓励，没有什么辅导，没有什么帮助！这样的领导对他来说又有什么用呢？

也许我给了他发展空间，因为我并没有逼得他太厉害。但发展空间对他来说并不够，他还需要关心关怀，需要鼓舞激励，需要辅导指引，这些我都没有给他。我这个管理者和领导者对他来说有什么用呢？

每个管理者和领导者，都会有这样痛苦的第一次！但绝对不会是最后一次！

之后很多年，我经历过各种各样作为领导者的痛苦经历。但我发现，我也从一个完全以自我为中心、目中无人的管理者和领导者，慢慢开始心中有人了。我的意识中他人的感受、他人的需要、他人的目标变得越来越多、越来越丰富了。在跟其他人聊天互动时，我对他们内在的想法和感受的领悟也越来越多了。这种变化，我自己首先感受到了。

到今天，我也许还是自私或者以自我为中心的，但与原来的我相比，内心考虑别人的感受和需要的时间和意识大大增加了！

这种变化，不只对我成为一个领导者有用，而且对我为人处世也非常重要。因为，作为高度社会性的智慧动物，我们需要对他人更多一点理解、多一点考虑别人的独特处境、多一点拥抱多元化，与不同的人交往相处时多一点倾听，并试图理解他人内心的声音。

事实上，同理心的增加，不只有助于我们更多地理解他人、理解外部的世界，也有助于我们更好地向内看，理解我们自己。而认识自己、理解自己，不仅是我们人生重要的功课，也是重塑和再造自己的重要基础。

同时，如果拥有了更多的同理心，我们就会试图更多地去理解自己和别人的处境、自己和别人的需要，而更少地去抱怨"这个人（也包括我自己）为什么是这个样子的呢"；我们就能以宽容之心，接纳自己和别人的现状，并从现状出发，以卡罗尔·德韦克教授（Carol Dweck）的"成长思维"为出发点，去帮助自己和他人持续成长、重塑和再造自我。

这是本书的出发点，希望与更多的朋友展开交流，共同探讨个人如何持续成长、重塑自我，探讨作为一个领导者如何持续成长、再造自我。

本书的每一章都试图探讨重塑自我、终身成长的一个问题，因此读者可以随意翻开一章自己感兴趣的来读。这些独立的章节涉及很多方面，例如我们如何定义人生和成功、如何管理老板、如何应对自己的致命伤、如何在人生的五大领域持续精进、如何使自己总是能量满满、如何更好地学习、如何应对一个难交流的同事、如何思考自己的人生使命、如何成为一个更好的领导者、如何创造一个促进人持续成长的文化和组织，等等。

书中所涉及的理论和观点，都是笔者本人坚信并且努力去实践的。本书可以看成是笔者自我探索过程的一种记录和分享，希望能够给其他重塑自我的同行者一点启发和能量，至少了解另一位同行者和探索者的所思所想。

重塑自我、终身成长是一个孤独的旅程，一个需要长期努力的孤独旅程，一个需要很多同行者的旅程。用著名领导力专家西蒙·斯涅克（Simon Sinek）的概念来形容，这是一场无限战（Infinite Game），这是一场跟自己的比赛；用耐克（Nike）的口号来说，这是一场没有终点线的比赛！

未来，我将继续通过“玮哥说书”公众号以及今日头条“玮哥说书”专栏持续写作和分享我的新观点、新想法，大家也可以通过 waynechen88@ 126. com 邮箱与我联络，共同探讨、探索“重塑自我、终身成长”的话题，希望能与大家有更多的交流。

我期待，在重塑自我、终身成长这个旅程中，我可以找到很多同行者！我期待，我们可以同行！

目　录

深度领导力

重塑自我、终身成长的行动指南

第1章

未来的组织、领导者和人

第1节
未来的组织、领导者和人是怎样的

未来的世界——2030年、2040年甚至2050年及以后的世界将是怎样的？人类的学习、工作和社会交往活动将会有怎样的演变？

虽然这可能是一个有趣并有价值的问题，但没有人拥有水晶球，可以借此做出准确的预测。只是，这并不妨碍我们对未来做出自己的判断。

我们有理由相信，未来的几十年：

人类创造和更新知识的速度将大大超出我们的想象；

科技进步将以难以置信的速度和方式改变人类的学习、生活和工作；

人类的寿命有可能得到惊人的、显著性的延长；

人类已经准备好能够去其他星球“殖民”……

尽管科技的进步可能为人类带来前所未有的机会，但难以置信的变化速度和变化方式也将对人类近几百年甚至几千年来形成的生活方式造成冲击。人类将在生活的各个领域面临持续的重新适应、重新学习的挑战。**持续学习如何适应未来世界将成为人类最大的挑战**。

这一过程中，人群中相当高比例的人将面临未来世界的适应不良症。这一适应不良症，是进化赶不上变化的直接反映；这种适应不良症，以人们难以在世界中安身立命为主要表现形式。

在未来世界里，大批人将成为“无能、无用、无助、无望”的“四无人群”。

这类人群的自尊和自信将受到严重打击甚至被摧垮；他们的情绪和精神状态将十分糟糕。令人担心的是，整个社会并没有准备好提供必要的支持和帮助。

所谓“无能”，指的是无法与时俱进地快速开发未来所需要的能力的现象。未来知识和行当的更新和更迭层出不穷，人们在知识、技能和素质上，将多次出现无法适应变化的“裸奔”状况。不少人获取新能力的速度赶不上变化的速度，“抱残守缺”，活在过去，纠结于多年努力所积累起来的能力，无法果断卸载过时的存量知识和能力，重新获得增量知识和能力。渐渐地他们将成为“无能”的一族。

所谓“无用”，指的是找不到自己在社会中的位置，无法做出有意义的贡献。有的人无法迅速建设新能力以匹配新需求，有的在意愿上拒绝为社会力所能及地提供某种价值，因而实际上成了“无用”的一族。

所谓“无助”，指的是在社会巨变过程中，因为无法适应未来世界，因此产生了强烈的无助感。这种无助感体现在物质和精神上。不少人既无法在内心产生自助的力量，也无法从社会关系中寻找到依靠和帮助。这种无助感使人产生极度焦虑，自信被严重打击，自身感受到被社会边缘化，接近极限时就会演变成“无助”的一族。

所谓“无望”，就是因为无能、无用、无助到了极限，因而对未来产生无望甚至绝望的人群。对他们来说，人生已经停止，没有未来、没有希望。他们成了社会生活中“无望”的一族。

说到底，“无能、无用、无助、无望”的“四无”人群的根本问题还是无法适应未来世界的演变。事实上，上述“四无”人群已经在我们周围出现。环顾左右，我们都可以发现一些人停止了成长、停止了适应。

随着技术的进步、社会变迁的加速，“四无”人群的规模将越来越大。这是人类发展所带来的系统性问题和挑战，需要整个世界来积极面对。

系统性挑战需要系统性的方式来解决。一个重要的应对方式是大规模地重塑组织、领导者和个人，以推动和加速组织、领导者和个人的进化！

因此，我们需要加速建设面向未来的组织、培养面向未来的人才及其领导者。推动他们快速适应世界的变化，获得未来世界所需要的意识和能力，持续进化，与未来赛跑。同时，推动整个社会对有需要的人伸出援手，帮助他人学习迅速适应未来。

那么，未来的组织、领导者和人才应该是怎样的呢？

1. 未来的组织是怎样的？

未来的组织，是最善于持续进化并适应内外变化、帮助其成员适应未来世界的组织。

很多人对现在的组织不满意，认为其过于等级森严，过于僵化、不够敏捷等。

因此人们对未来组织做出了很多预测和设计。这里不乏新模型、新概念。例如青色组织、合弄制、去中心化组织、分布式自组织，等等。

对未来组织的思考与设计，很多还是以如何在未来的环境中持续释放人的潜能、不断提升绩效、更好地达成组织目标为出发点的。

而我所预测的未来组织，其出发点并不只是持续创造高绩效、更好地达成组织战略目标，甚至也不只是充分释放个人的潜能。

我所定义的未来组织，其最重要的出发点是：作为一个组织如何可持续发展和贡献，也帮助其成员可持续发展和贡献。

因此，这类未来组织最重要的能力就是适应变化、持续进化；同时也帮助其成员持续进化以适应未来世界。

而DDO组织，即哈佛大学著名心理学家罗伯特·凯根（Robert Kegan）提出的“刻意发展人”的组织（Deliberately Developmental Organizations），最能支持可持续发展的出发点，也因此成了最具代表性的未来组织模式。

所谓DDO组织，其最重要的特征就是把发展人、培养人置于首要位置。这种组织成立的基本假设是，组织是人构成的，业务是人做的。从较长的时间维度来看，人能得到持续发展，业务也就能得到持续发展；业务成长了，做业务的人也一定得到了成长。

未来，很多组织将失去其对成员的吸引力，不少组织都将萎缩，甚至解体。而像DDO这样的未来组织将横空出世，吸引大量成员加入。究其根本原因，在于这类组织能更好地满足人类最根本的诉求——成长的诉求、进化的诉求，说到底也是生存的诉求。

这类未来组织，以帮助人成长、学习适应未来世界，重塑和进化为核心价值主张，并能够持续探索与创新推动人成长和进化的机制和方法，因此将成为更能吸引最优秀人才的组织。组织更好地促进了人的成长、适应和进化，人也刺激了组织的进化和重塑，因而产生良性循环。这样的组织才可能持续地生存和发展下去！

2. 未来的领导者是怎样的?

未来的领导者，是最善于自己持续进化和适应，并能帮助他人不断学习并适应未来世界的领导者。

中国过去四十年，那些取得卓越成绩的企业领袖，大都具有强势、聪明、大胆、敏捷等特质。

但这样的领导者也有致命伤，那就是大部分这类企业的成功，太过于强调以结果导向，太过于依赖一把手的魄力、眼光和执行力。

这种领导特质的风险和问题在于，很多其他聪明人的才能难以充分发挥，组织的潜力也难以真正释放；领导万一出错，就很容易把企业带向深渊。

我预测未来的领导者的特质包含有以下几种：

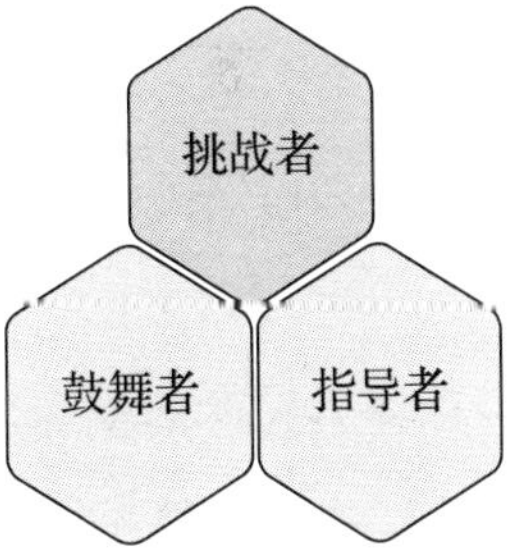

(1) 挑战者：强势、聪明，善于审时度势，对事情有与众不同的洞察。因此能够挑战甚至颠覆世界的现有格局、行业和组织的现状，从而创造出新的模式、新的游戏规则、新的战略空间；并且能够不断鼓励下属突破边界、跨越舒适区、挑战极限，创造出“宇宙第一的绩效”，走向过去无法想象的疆域。这种挑战者能见他人所未见，又拥有巨大能量，因此从不畏惧挑战现状，不管是自己的现状还是环境的现状，从而最有可能动员自己和他人快速转型、适应和进化。

（2）鼓舞者：拥有非凡的能力去鼓舞人、激发人；给人信心，让人看到希望和潜力；赋予人能量，使人不怕失败或者屡败屡战；不断刺激人的想象力和创造力。鼓舞者既需要拥有独到的看事情的眼光，又需要洞察人心人性，因此沟通起来往往能够直达内心，让人产生“一股暖流涌上心头”“信心倍增”“如沐春风”的感觉。在鼓舞者手下工作的人，似乎永远都能得到能量加持，哪怕处于最危险、最困难、最无助、最无望的境地。

（3）指导者：是他人很好的教练和良师益友；对人富有同理心，体谅他人的独特处境和特点，能够持续给人以温暖；对他人的成长和成功具有深切的、发自内心的关怀和期待；洞察人的优势和弱势，并知道如何帮助他人持续成长、进化。在引导和指导他人时，常常知道什么时候需要“当头棒喝”、什么时候需要“振聋发聩”、什么洞见能够让人感到“醍醐灌顶”、什么时候需要“春风细雨、循循善诱”。

这类未来领导者可说是刚柔并济、阴阳平衡、内外兼修的领导者。

3. 未来怎样的人才能成为人生赢家？

如果需要用最多三个特质来预测未来能够持续发展、适应并脱颖而出的人才，我会提出以下三点：

（1）敏捷学习：就是那些始终保持好奇心、不断打破知识的边界、愿意以开放的心态探索未知领域的人；是愿意放下骄傲的心，能够公开示弱、真心寻求反馈，并对反馈做出积极回应的人；是愿意不断尝试新的学习方式，及时卸载固有能力程式，持续升级操作系统的人；是能够找到那根神奇的“绳子”，把散落在各处的“珍珠”串起来变成“珍珠项链”的人。

（2）同情同理：是悲天悯人、对他人的想法和情绪拥有极高洞察力的人。他们对人关怀、理解他人的处境，并将这些关怀和理解用于与他人构筑积极和建设性的关系。这种对人的洞察，使他们能够更好地影响他人、团结他人，以及推动人的变化和组织的变化。正因为具有这种同理心和慈悲心，不需要权力和权威，自然具有凝聚力和向心力。

（3）坚毅宁静：未来的世界跌宕起伏、波澜壮阔、难以预测。技术的进步和社会的动荡，将带给我们前所未有的冲击，有时甚至是重创。倒霉的事情是一定会发生的。因此，保持内心的宁静与情绪的平衡和稳定，将成为人类生存与发展的必备能力。而锲而不舍、屡战屡败的意志力将变成未来人生赢家的标配。

第2节 为什么中国未来需要更多的女性领导者

中国女性的优秀程度有目共睹，但在中国的企业经营领域，女性榜样人物少得可怜。为什么身居高位、改变企业命运的中国女性如此之少？为什么女性领导对企业的发展这么重要？

第一当然是男女搭配，干活不累；男女搭配，创新百倍！大量研究发现，团队的多元化（特别是女性领导者的加入）不仅有助于团队氛围的改善，还有助于团队创造力和绩效的提升！

第二是女性潜力的充分发挥对社会进步至关重要！如果女性的潜力能够得到最大限度的发挥，中国社会蕴藏的无限潜力就有可能得到最大的释放！

第三是女性力量、女性声音有助于建设更富有同理心的美好社会！作为整体，女性的同理心强于男性这一点得到了实证研究的支持。而同理心更强的领导人表现出较少的自我中心行为，更能够从他人的视角看问题。

我们正在进入日益复杂的系统和环境中。层出不穷的复杂问题的解决，不能只依靠工程技术的能力和方法，更需要依靠同理心和慈悲心。这样才有可能建设更加美好的社会！

心理学家珍妮特·海德（Janet Hyde）对大量的性别差异研究进行了整合和分析，发现男性和女性在智商方面没有显著性差异。但男性的空间能力更强，而女性的语言能力更强。

女性在领导潜能方面比男性略高，女性更倾向于与人打交道，而男性更倾向于与事情打交道。研究发现，女性作为一个整体，其情商要高于男性，而这有利于女性在领导岗位上表现得更加优秀。因为女性拥有较高的情商，女性领导的团队敬业度更高，绩效也更好。

研究还发现，女性在恢复力、自控能力和自我认知方面比男性强，这些素质对于女性领导者在未来世界的成功至关重要。

相对于女性在情商和领导潜能方面的优势，中国各行各业女性领导的比例过低。巨大的女性潜力未得到有效释放，这实在是中国社会的一大问题！

那么中国女性未能在多个领域发挥更大作用的原因何在？解决方案如何呢？

原因是多方面的，对应的解决方案也应该多管齐下！

第一个原因是政策和法律因素：例如中国女性退休年龄为 50 到 55 岁，这客观上影响了女性在事业后半程发力的内在和外在动力；另外，对于在招聘、升职、加薪中存在的性别歧视并没有在法律和政策层面进行严格规范、约束或打击，使得职场中的性别歧视现象普遍存在。

第二个原因是社会支持系统：生儿育女、建设家庭的社会成本过高，使得女性在事业追求和相夫教子上面临双重压力和两难抉择，很多杰出女性因此选择将天平向家庭倾斜，因而错过了职业发展的关键期；

第三个原因是中国社会主流文化和价值观对女性成功的负面影响。

中国社会主流文化和价值观对女性事业追求的压力既表现

在家庭里，也表现在职场中，这极大地影响了女性人才的社会定位，她们不得不在“做贤妻良母还是做事业女强人”的人设之间不断纠结和挣扎。

此外，很多组织的掌权人物往往是男性，而且其中有相当一部分人内心缺乏对女性力量和女性潜能的深刻认知，因此他们所领导的组织会用更严格的标准来审视女性干部，决定其升迁。

要想迅速改变上述情况，大幅度提高中国女性在政府、企业高层的比例，增加女性在整个社会中的话语权，充分释放中国女性的潜力，还有很长的一段路要走。

速效的猛药可能是新的法规和政策，例如立法延后女性的退休年龄，给予其自由选择权，让女性可以自己选择延后到与男性同样的年龄退休；像某些发达国家一样，立法规定上市公司、企业高管和董事会中女性的比例；杜绝在招聘过程中的性别歧视和年龄歧视，等等。

此外中国社会需要产生更多的女性领导的榜样，以鼓舞更多优秀女性进入企业经营领域；也需要产生更多支持、鼓励、培养女性后备人才的领导者！这些意见领袖可以帮助我们塑造新的文化和价值观，以培育有利于女性人才成功的土壤和环境。

我们期待着中国社会更充分地释放女性的潜能，以建设一个更加美好的社会！

第 3 节 未来，你想成为自由职业者吗

如果有一天，你的太太或老公跟你说，别干了，离开公司当自由职业者吧！你会怎么说？

如果你的好朋友跟你说，我们都受够了，不想干了，一起当自由职业者吧？你会怎么想？

如果有一天，你的孩子放着好端端的大公司不干，想开始自由职业者的生涯，在家里“办公”，你将如何反应？

自由职业潮，似乎在世界范围内席卷而来！

近日，自由职业者平台 Upwork 与美国自由职业者联盟发布了《2019 美国自由职业者报告》。

根据报告，2019 年大约有 5700 万美国人从事自由职业，自由职业者总年收入接近 1 万亿美元。

越来越多的人将自由职业视为一种长期职业选择。自 2014 年至今，美国的全职自由职业者比例从 17% 增加至 28% 。从事技术服务的自由职业者的平均时薪为 28 美元，全体自由职业者的平均时薪则为每小时 20 美元。

研究显示，年轻的员工更有可能从事自由职业。调查发现，美国有 53% 的“Z 世代”（1995 年至 2009 年间出生的人）员工是自由职业者。另外，有 40% 的“千禧世代”员工，

31%的“X世代”（20世纪60年代中期至70年代末出生的人）员工和29%的“婴儿潮世代”从事自由职业。

大部分人离开传统岗位，更多是出于自愿。有63%的受访者表示从事自由职业是自愿的选择，因为自由职业让人感到自由、独立、有控制力和自主权。

根据数字支付平台派安盈（Payoneer）的一份报告，美国的零工经济在2019年增长最快，自由职业者的收入同比增长78%。

以下是2019年自由职业市场收入同比增长的前10名榜单。

1. 美国—78%	6. 菲律宾— 35%
2. 英国— 59%	7. 印度— 29%
3. 巴西— 48%	8. 孟加拉国— 27%
4. 巴基斯坦— 47%	9. 俄罗斯— 20%
5. 乌克兰— 36%	10. 塞尔维亚— 19%

显而易见，这些国家的自由职业者为自己大大涨了一把年薪！

这也许就是未来的趋势！

越来越多的人喊出了“我的职业我做主、我的生活我做主”的口号，与令人窒息的大公司告别，向老板的淫威说拜拜，开始享受穿着短裤拖鞋，与猫儿狗儿作伴的自由职业生活。他们希望真正实现“睡觉睡到自然醒、数钱数到手抽筋”的梦想！

当然，他们中的很多人，在享受自由快乐的自由职业生活时，也不得不进入收入波动不稳定、无人听你聊八卦、常恨自己效率低的状态。

还有一些自由职业者，错把原来的平台优势当成自己的优势。跳槽出来，才发现世界原来不是那么回事。很多大客户看中的不过是你原先的大平台的优势，当你离开了大平台和系统，老客户、老朋友也会“王顾左右而言他”，不接你的茬。而且书到用时方恨少，真正要独立面对这个世界的时候，常常感到自己是“万宝全书缺个角”。

一些原来已经有相当地位的人士，在原先的平台被支持系统照顾得舒舒服服。“单挑”之后，才发现事无巨细，样样需要亲力亲为，早知今日，何必当初呢！

如果你对此心怀畏惧，我劝你就洗洗睡吧。但是，如果你铁了心要做自由职业者，恭喜你！因为，你丢掉的可能是束缚自己创造力的锁链，赢得的将是整个世界。

要想在自由职业道路上取胜，至少需要打磨以下三种能力：

第一，有人需要、有人买的产品和服务的创造能力：你需要打磨一种本事，创造一种产品或服务，为世界所需要。这种产品和服务，可以是市场所需要的知识、技能、关系、信息、服务或实体产品。

第二，推广自己的产品和服务的能力：你需要自己找到买家，持续地购买你的产品和服务。

第三，自律的能力：单干很自由，因此你需要高度自律，能够持续精进并持续高质量地交付。

确实，我的人生我做主！技术的进步、世界的发展，让我们有了更好选择！但无论选择什么，既要享受它的美好，又要承受它带来的烦恼，这就是人生！

但有一点是确定的，不管做怎样的选择，好好学习、天天向上、持续努力、不断精进才是正道！

第 4 节 人工智能时代成功人士的两大能力

著名以色列历史学家尤瓦尔·赫拉利说："未来人类要准备好，每十年要重塑自己，扔掉自己过时的知识、技能、经验、假设和人脉，重新来过。"

可怕吗？可怕不可怕都得过下去！

你相信这种预测吗？信不信由你！反正我信！

而且，我相信，可能每五年我们就要重塑自己，等不了十年。

问题是如何重塑呢？

赫拉利说，未来世界的人需要两大能力：一是控制情绪稳定性的能力，二是修炼高情商的能力。

我觉得他已经看见，未来世界很多人会发疯、会抑郁、精神会崩溃！因为受不了世界如此剧烈的动荡，个人生活又如此彻底地被颠覆。

在这种情况下，人需要付出更大的代价去保持内心平衡；失眠的人更多了、高度焦虑的人更多了、愤怒的人也会越来越多！人际关系也将遭遇重大挑战，所以保持情绪稳定和提升情商至关重要！

我把这两种能力稍微修改了一下。我认为，未来世界人最重要的两大能力就是**认知的敏捷性和情感的敏捷性**。

情感的敏捷性刚才已经涉及，这里稍微多讲一点认知的敏捷性。

世界变化快，问题层出不穷，因此人要拥有一计不成、再生一计的能力。遇到任何问题和困难，都能积极开动脑子，见招拆招地解决问题。这是所谓认知敏捷性之一。

认知敏捷性之二，就是超越边界、切换自如而不纠结。如果律师当不成了（未来可能机器人会取代很多律师），能不能不纠结，不要老是像祥林嫂一样抱着老黄历不放，总说着“想当年/办过大案/名震京城”之类的话？过去的故事过时了，没用了！马上蹲下身子学编程行不行？

这就意味着，人需要勇于卸载自己原有的操作系统，全面升级甚至重装操作系统而不纠结。

认知敏捷性之三，就是与机器人互相接纳、相互欣赏，甚至互联互通。要做到好汉不提当年勇！不要说你们这些家伙都是我们搞出来的！你们搞出来的又咋样？机器人在计算、写作、琴棋书画等方面早已全面碾压人类，不跟它合作，又能怎么样！人啊人，咱就不纠结了，跟机器人一块好好过吧！

再说，等脑机接口技术突破之后，我们不想跟机器人一起过也不行啊。

认知敏捷性之四，就是要更善于审时度势、见微知著、洞察秋毫、灵活应变。

除了认知敏捷性之外，情绪敏捷性也需要大大提高。著名心理学家苏珊·大卫（Susan David）建议，当我们遭遇所谓负面情绪时，不要逃避，不要拒绝，而要接纳与认可，把这种负面情绪看成一种重要的数据，让自己产生深刻洞见的数据。

因为当我们试图忽略或回避负面情绪时，这些情绪其实并没有走开，而常常会以更猛烈的方式来影响我们的生活。

我们需要做的是咀嚼并消化这些负面情绪，把痛苦、沮丧、挫折感当成自我探索的指引，并从中获取更强大的能量。

当我们以一种更好的方式来引导我们的内在体验时，我们就可以更好地驾驭自己、驾驭人生。

第 5 节
DDO：我们未来的组织

相当长一段时间以来，大家对于传统科层制组织的鄙视和厌恶越来越表面化了，呼唤未来组织的声音越来越大了！

人们抱怨科层制组织，说它僵化、不敏捷、等级森严、了无生趣、窒息创造力等；点赞未来组织的人，赞美未来组织敏捷、透明、简单，去中心化、关注人的主动性和创造性、推动人的潜能的极大释放，等等。

未来组织的种类和标签也很多，青色组织、合弄制组织、突击队式组织、自由式公司（Liberated Company）、开放组织（Open Organization）、创业管理式组织、自管理组织，等等。

未来的组织到底会是怎么样的？这个问题可能谁也无法说清楚，大家都还在探索的道路上。但如果让我来畅想一下，我希望未来的组织具有以下特征：

拥有利他的使命和灵魂，能为整个世界做出贡献，它们的典型口号是“世界因我而不同”；流程和架构设计敏捷灵动、随需而变、与时俱进；极大释放每个成员的潜能，持续促进每一位成员的成长和进化；成员之间能够互相体谅、互相帮助、相互学习；同事之间能够坦诚沟通，不需要伪装；组织就是一所大学校，不仅提供优质产品和服务，也成为每一位成员持续成长的精神家园。

哈佛大学的著名心理学家罗伯特·凯根和他的同事撰写了《每个人的文化：成为刻意培养人的组织（DDO）》一书，书中所列举的几家公司的实例，听起来太美好，好像不是真的一样。

所谓 DDO 组织，英文叫 Deliberately Developmental Organization，就是刻意培养人、发展人的组织。这些组织在培养人、发展人方面几乎做到极致，达到痴迷的程度。这些组织认为，业务发展与人员发展其实是一回事！发展人就是发展业务，发展业务就是发展人！

我感觉，DDO 组织就是未来组织的一种重要形态和样本。

凯根认为，成年人在一生中，可能会遭遇几次成长的平原期或停滞期。如何创造内外部环境，促进成年人跨越成长鸿沟，持续重塑自己，是摆在所有组织甚至每个人面前的重大课题。

凯根认为，成年人的成长所必然经历的平原期或停滞期不仅不容易突破，也无法保证一定会突破。想想也对，“彼得定律”说的也是这回事，人会一直晋升，然后达到自己无法胜任的岗位。人到一定程度就上不去了，看起来是职位上不去了，但实质是成长与进化受阻了，被一些东西卡住了，甚至连现有的角色也无法胜任了。

DDO 组织有自己的底层假设：

首先，DDO 组织持成长思维，坚信成年人是可以培养，可以发展的。

这一基本价值假设非常重要。因为在企业中，确实存在不少一把手内心相信人很难改变，因此执着地相信招对人比发展人更重要。DDO 组织也重视招对人。但总体来看，它们更相信成年人是可以培养和发展的。

凯根的书里提到的三个案例之一——“下一跳”（Next Jump）公司有一句著名的口号：更好的我 + 更好的你 = 更好的我们（Better Me + Better You = Better Us）。它们的文化不断强调，公司要变得更好，关键是每个员工要下功夫把自己变得更好，并且帮助别人变得更好！这样我们才能共同变得更好，企业也才会变得更好！

其次，相信我们的弱点是潜在的资产、错误是机会。这样，我们就不怕示弱，不怕别人知道我们的短板以及做砸的项目。

这一点，说说容易，做起来比登天还难！人都要面子，自己的弱点和失败被很多人知道，你会有怎样的感受？别人直截了当地给你反馈，告诉你什么地方做得不好，这对于你来说很可能是痛苦的体验。闻过则喜的人见过多少？

但是 DDO 组织确实在很大程度上挑战了人性，真正实践了“把弱点和失误转化成机会和资产”的价值观。

再次，组织设计需要考虑并支持人的成长。

DDO 组织提出了这样的问题：

你的组织有没有帮助你发现一个你个人的挑战，这一挑战对于组织和你个人都是有价值的？

组织中有没有其他人知道你的成长目标和理想，并关心你去实现这些目标和理想？

在克服你自己的局限的过程中，你是否得到了支持？你能够具体说出来这些支持是什么吗？

当你在某一挑战上获得进展时，你得到认可了吗？有人跟你一起庆祝吗？

上述底层假设并不稀奇，但关键是有多少组织产生了这样的集体意识，并且付诸行动，产生了集体行为？

凯根所提出的 DDO 组织，即刻意发展人的组织，拥有以下的特点：

- 它们既有很强的业务发展的能力，又有很强的培养人的能力；
- 充分兼顾个人与组织潜力的发挥；
- 相信组织与个人可以为他人的成功做出更大贡献；
- 相信个人与组织的绩效，就是最大化个人与组织的潜力，最小化个人与组织的弱点；
- 拥有 21 世纪的“成长文化”：培养所有人，而不是少数所谓“高潜人员”；不只是通过一对一辅导或者集中学习的研讨班，而是大家一起围绕工作来学习；学习与发展，不只在特别时刻才发生，而是每天都发生；
- 强调人人都不需要伪装自己，展示弱点其实是强大的表现，而且可以得到大家的帮助；

- 经常失败、快速失败，在失败后继续前行；
- 相信进步都是痛苦的经历和反思的结果；
- 提供持续反馈，既直截了当，具有刺激性和挑战性，又充满关怀和支持；
- 工作不一定只谈绩效，工作也是一种操练；
- 持续提升你培养能力的能力；
- DDO 组织既把人推离舒适区，又为人们提供像家一样的安全港湾，并拥有很多具体方法和实践帮助人成长。

那么凯根所说的 DDO 企业具体是怎么做的呢？

著名金融企业桥水公司（Bridge water）追求透明度，追求到几乎令人毛骨悚然的地步。他们把绝大部分会议的全程录音向全体员工开放。对大部分管理问题、业务问题，任何一个人都可以了解。可以想象，因为这样的透明度，多少误解可以消除、多少伪装会被剥去、多少信任会得到强化、多少意想不到的学习会自然发生、多少关键信息将得到分享！

DDO 组织非常重视用技术来促进互相学习、互相反馈和塑造文化。

- “即时反馈”App：桥水公司开发了一个“即时反馈”App，每个人随时随地可以给人反馈，在手机 App 上就可以非常方便地完成。比如你在参与一个会议的过程中，发现会议的组织者或一个参与者的表现很好或不太好，你就可以在手机 App 上写出具体的评语，这些评语都比较直接。

在“即时反馈”App和问题日志上，有不少下级批评或挑战上级的记录，而且这种反馈还是实名制的。这当然是非常难能可贵的现象。上级通常很难收到来自下级的负面反馈，越到高层，收到真实的、甚至是刺耳的反馈的概率越低，这就是为什么很多最高层管理者常常活在自己的世界里的原因。

- 问题日志：桥水公司还创造了记录问题和失败的日志。在桥水公司，犯错被认为是可以预期的、可以接受的；公开问题、反思根源被认为是工作的要求。创始人瑞·达利欧（Ray Dalio）有个形象的比喻，问题日志就像一个过滤器，它会把垃圾截留下来，这样就可以分析垃圾从哪里来，如何在未来杜绝这些垃圾。在这种问题日志中，个人一定要明确并坦诚地记录个人的责任，以及当事人的优势和弱点。跟我们常说的“对事不对人”正好相反，桥水公司是“对事又对人”。
- “痛苦按钮”App：让员工记录并分享工作中的负面情绪体验。这种公开吐槽可以引起相关人员的关注，有助于发现真相并改善团队氛围。这一招很厉害，因为大部分人在工作中对别人感到不爽，常常不会拿出来当面沟通。这样人与人之间就会产生心结，给未来的合作留下阴影。桥水公司的解决公式就是：痛苦+反思=进步。

每一个组织当中都有人抱怨同事不合作、跨部门协同不好。但是很多人都不会公开讲出来。时间一长，协同合作的问题就真的变成了问题，变成了一种文化。但如果能够通过“痛苦按钮”App、“即时反馈”App、问题日志等方便易行的方法，把问题暴露出来，就有可能在组织中产生解决这些问题的动力和能量，就有可能解决问题，并塑造新的价值观和文化。

- 棒球卡：如果你觉得以上所讲的透明度还不够，这里再来一个。“棒球卡”的做法也很有意思，它把每一位员工的优缺点都写出来，而且向全员开放。所以你在这个公司中无所遁形，有什么弱点、优点全部要分享出来。每个人都有一张“棒球卡”。你要了解你的同事，比如在一个会议中第一次见到某个同事，你就可以马上在系统中查到这个人的优缺点。

以其中一位员工的具体“棒球卡”为例：亚历克斯现在的技能、知识基本上可以跟岗位相匹配，他是一个比较有决心的人，他可以面对现实思考问题，能够管理时间，有自我约束的能力；但是他的抽象、归纳、概括能力不够，看到多重可能性的能力不够，欠缺人岗匹配的能力，逻辑思维的能力也不够。他还有一个问题就是自我测量、自我评估的能力也欠缺。

在这样的组织当中确实不容易混下去，因为你所有的优缺点都暴露出来了。他们还要做日报，每天做反思，分享痛点和产生的洞见。

- “对话伙伴”：在“下一跳”公司，员工每一天的工作都是从与自己的“对话伙伴”交流开始的。每天早晨公司都提供一顿早餐，你要在公司里面找到固定的对话伙伴，大家聊20分钟左右。在这20分钟的时间里互相吐槽、打气，把工作中的不顺利、家里的不顺利通过这样的方式宣泄掉，而且大家互相辅导，互相帮助。这是非常好的所谓“同僚教练”（Peer Coaching）的方法。对话伙伴自愿配对，需要的话可以半年一换。

- 情景研讨会：每周，四组这样的“对话伙伴”会聚在一起，在内部引导师的帮助下分享在这一周里面有什么痛苦，有什么挑战，有什么新的洞见等。通常由一位更有经验的内部员工担任引导师，引导大家对一周的工作进行反思、总结，并且在与别人的分享、互动特别是相互挑战中得到启发。这种做法，可以使员工非常及时地从实战经验中学习！

以上只是DDO组织所采用的一些方法，有些可能并不一定适合我们。重要的是，组织如何根据自己的情况，循序渐进地创造出很多方法和工具，以实现培养人、发展人的理想和目标，建设一个充满了关怀、互信互助的家园，进而塑造出一个令人憧憬和向往的伟大组织。

凯根在提到成长性文化时，使用了这样的句子：

“每个人、每一天，致力于发展自己、培养他人、提升组织，以实现突破性绩效，并成为更好的自己。”

这就是我们希望加入或建设的未来组织吗？

第 2 章

你要如何定义并衡量你的一生

第 1 节
你如何衡量你的一生

2020 年 1 月 23 日哈佛商学院的著名管理大师克莱顿 · 克里斯坦森（Clayton M. Christensen）教授去世。他被人们广泛称道并铭记的是他的“颠覆式创新”理论。克里斯坦森教授多次在全球“五十大思想家”评选中名列前茅，曾为很多全球的大企业和各国政府提供咨询。

他还写过另一本书《你如何衡量你的一生》，面向普通大众，影响了成千上万的人们，引导他们去思考人生的几大终极问题。

在《你如何衡量你的一生》中，克里斯坦森教授大量运用商业和管理理论，阐释人可以怎样过好这辈子。

克里斯坦森问了三个问题：

1. 我们如何确保能从我们的职业或事业中得到快乐？

2. 我们如何确保能从与配偶和家人的关系中获得持久的快乐？

3. 我们如何确保不进监狱？

第三个问题看来有点怪怪的，因为这三个问题最初都是面向哈佛商学院的学生提出的。但他解释说，他的同学中有 32 个罗德学者（可能是世界最高等级的奖学金获得者），其中两人进了监狱；他在哈佛商学院的其他同学也有人进了监狱。

这三个问题看起来普通，但都非常深刻。它涉及人生中三个可能是最重要的方面：你如何为世界创造价值同时自己乐在其中？你如何经营人生中最重要的关系？你如何做个好人？

如果我能够加上一个问题的话，我会加上第四个问题：

你如何确保精神不崩溃？

理论上来说，克里斯坦森问的前三个问题都能很好地回答的话，"精神不崩溃"就不应该是个问题。但最近一段时间来，一些看起来对前三个问题都回答得不错的人，却也遭遇了精神崩溃。

确保精神不崩溃可能将变得越来越难，因此也需要提出来讨论一下。事实上，我们的视野中出现了不少精神崩溃或者接近精神崩溃的现象。自杀和重度抑郁时有发生，心理障碍更比比皆是。人生一路走来挑战很多，不能建设强大的精神体系，就无法在人生的不同阶段有效应对各种挑战。

在试图回答第一个问题的时候，克里斯坦森描述了这样一个画面：

一位管理者早上离家去上班的时候自信满满。十个小时之后回家的时候，她却充满挫折感。她感觉在工作的这十个小时中没有被欣赏和认可，没有充分发挥自己的能量和能力，没有学到新东西、获得新的成长。经历了这十个小时，她的自尊和自信水平反而下降了。这将怎样影响她的家庭生活呢？带着这样的心情，她将怎样做一个好妻子和一个好母亲呢？

因此，克里斯坦森对哈佛商学院的学生说，来商学院读MBA，不只是为了在未来找份工作，做些投资、交易。而是通过管理工作，帮助他人学到更多东西、帮助他人成就更有价值的事情、帮助他人承担更大的责任、帮助他人获得更多的认可，从而获得更大的成就感、满足感和存在感。他说这种管理工作，就是最崇高的工作。

回答克里斯坦森第一个问题的关键，就是要找到你的激情，找到你所爱的工作，然后在你的事业中获得持续的成长、满足感、成就感、存在感和安全感。

关于第二个问题，克里斯坦森说，从 1979 年之后，他观察那些返校的学生，发现越来越多的哈佛商学院毕业生不开心、离婚了或者跟孩子很疏远。尽管这不是那些学生的初心和“战略”，但很多人却陷入了这种境地。为什么会这样呢？他认为这些学生并没有把人生目的放在首位，以决定他们的时间、能量和能力都如何分配。

克里斯坦森非常吃惊地发现，这么多来自全球的精英学生，对于人生目的和意义这个问题思考得很少。

他提醒哈佛的在读学生，在校期间是思考人生意义最好的时间。他分享说，他自己在成为罗德学者的阶段，尽管异常繁忙，还是每天花一个小时的时间阅读，思考和探索人生目的和意义问题。每天花这么多时间思考和探索这一问题，本身是一件很奢侈的事情。但他坚持了下来，并且最后找到了自己的人生使命和目的。他意识到，在商场上做交易、做投资，对他来说不如培养人更享受。他的人生使命和目的，成了他自己的导航仪和指南针，成了他选择做什么、不做什么的标准。

对克里斯坦森来说，最重要的决定可能就是如何分配时间。他需要做的事情很多：关注太太、培养孩子、成就事业、服务社区等。我们常常想不清楚到底应该怎样分配我们的时间，实际的时间分配也并不一定符合我们的初衷。

很多人拥有很强的成就动机，希望好好干一番事业。因为这种动机，他们会自觉或不自觉地在事业追求中投入大量时间。他们把时间投入产品开发、融资、推销产品、提升产品质量上。这样的时间投入看得到、摸得着，很快就会产生结果。

而投入家庭和孩子身上的时间，则很难迅速见效，或者说很难在成就事业方面得到结果。因此不少人倾向于过度投入工作和事业，而忽略家庭、孩子和朋友。事实上，很多人会在他们认为最重要的事情——家庭和孩子——上投入越来越少的时间。这也难怪跟家人和孩子变得越来越疏远，情感也没法持续加深，更谈不上共同成长了。

克里斯坦森共养育了5个孩子，他对父母如何陪伴、养育孩子有很独到的见解。

他指出，尽管有些父母有充沛的财务资源，但这些父母却没有真正参与孩子的成长和养育过程，事实上，他们的孩子花了大量的时间跟着其他成年人学习、形成价值观。因此，克里斯坦森非常强调父母真正花时间与孩子共同经历一些事情，一起完成一些事情。他讲到了如何与孩子们一起搭建一个娱乐房的故事；他还让孩子们跟他一起在院子里除草、修理房子。他说，整栋房子没有一面墙壁或者天花板的拆除、增建、粉刷或油漆不是在孩子们的帮助下共同完成的。

在我的朋友中，也有人深度参与了孩子们的课余活动。我说的是深度参与。他们陪伴孩子参加训练、去各地参与比赛，帮孩子出谋划策等。显而易见，这些父母深入地参与到孩子们的运动和娱乐活动当中，培养了深厚的亲情，同时也在帮助孩子们塑造价值观方面发挥了重要的作用。他们真是我的榜样！

克里斯坦森还非常强调为孩子们设计经验和体验，让他们在经验中得到成长。例如，在和孩子们一起玩“童子军”游戏时，总是让孩子负责自己的营帐，而不是代替他们完成。在这样的过程中，孩子们学会了如何计划和组织，如何分配责任，如何在团队中沟通，并且珍惜自己所做的工作。在这个创造性的过程中，让孩子们自己思考和实践，锻炼孩子们的领导力、组织能力，培养他们的责任感。

克里斯坦森也非常关注孩子们挑战性体验的拥有，通过体验失败培养人生中必需的韧劲。而我们大部分父母害怕让孩子们体验失败，生怕他们受惊了、难过了。我们经常自己披挂上阵、帮助孩子完成作业中的难题、代替孩子完成实践课中的挑战性活动。事实上，我们剥夺了孩子们体验挑战、应对困难、面对失败的经历，因而也剥夺了他们培养坚毅和韧性的机会。

克里斯坦森的第三个问题，是如何杜绝侥幸心理，远离犯罪。

在一个浮躁、崇尚“胜者为王、败者为寇”的世界里，人要守住底线并不容易。

比如你在学校里面参加考试，你发现周围有不少人作弊，而且没有被抓到。这些作弊的学生的成绩，反而比你辛辛苦苦复习应考得到的成绩更好。你会作弊吗？如果真的不会被抓到，你会作弊吗？

其实人生中的犯罪行为，很多都是从参与作弊但没有被抓到开始的。这种侥幸心理屡屡奏效，使人只看到眼前的巨大利益，而没有想到这条路将通向何方。

因此教练员和运动员合谋滥用兴奋剂以提高成绩、企业家和官员通过贿赂手段搞定项目、企业中的职业经理人利用手中职权拿点回扣贴补家用等。有不少人就是抱着“就这一次”“大家都这么干”的侥幸心理，越搞越大，最后陷入不可收拾的境地。

你要如何衡量你的人生？这是克里斯坦森对自己、对我们提出的问题。虽然他终年仅 67 岁，但他真正做到了他自己设定的目标，成为：

- 一个致力于帮助他人改善生活的人；
- 一个善良、诚实、宽容、无私的丈夫、父亲以及朋友；
- 一个真正有信仰的人。

让我们在怀念并感谢克里斯坦森教授的时候，用他问过的问题来自问一下：

什么是我这辈子最重要的东西？

我将如何衡量和评价自己的人生？

第2节 BBC：人生的三门必修课

整合心理学大师托马斯·希伯尔曾说过，人有“两个B”是很重要的：

第一个B叫作Belonging，就是人的归属感，因为任何人都有归属到一个小的团队或者一个大的组织当中的需要。

这个归属，不只是指你目前在团队当中的法定角色。很多时候，你虽然是一个团队中的法定成员，但周围的人都不接纳你，很多事情都不对你说。这时，你就会产生失落感，归属的需要就无法满足。

人总要有所归属，总要在这个圈子、那个圈子里过日子，否则此心就无处安放，人生就无法真正快乐。

家是我们满足归属感最重要的地方，无家可归的人最可怜。一个缺乏家庭归属感的人，很难有平静的心。因此把我们的家建设好很重要。

归属讲的其实就是人际关系。我们的人际关系定义了我们的人生。我们有什么样的人际关系，就有什么样的人生。

因此，我们时不时地要审视一下我们的人际关系：

- 什么是影响你人生成败的最重要的关系？为什么？
- 这些关系的质量怎样？你会打几分（1 到 10 分）？这些关系的质量分数对你意味着什么？
- 你会采取怎样的行动来改进你最重要的关系？
- 未来你还需要创造什么新的关系、找到什么新的归属感以突破自己，把自己带入一个新的人生境界？

人生中大部分的不快乐都是我们的人际关系造成的，因此我们要认真对待。

第二个 B 叫作 Becoming，简单来说是成为，其实也是成长的意思。这是一个进行时，表示处于发展过程当中。人生就是成长的过程，我们从出生时的状态，到离开这个世界时的状态，当中的过程就是成长。

成长对于人类生存是一个极为重要的过程。人生在世，我们每天都在成长，都在变成一个不一样的自己。

《人类简史》的作者尤瓦尔·赫拉利讲了一个非常重要，并且与每个人都相关的概念：

2050年，我们都不知道世界会变成什么样，但有一点我们知道，从现在到2050年，我们最大的一个任务是要持续地重塑自己、再造自己。

但心理学家研究发现，成年人的发展是有阶段的，有人可能会在一个阶段长时间徘徊，进入了所谓的“平原期”或“停滞期”。

著名哈佛心理学家罗伯特·凯根教授提出了成人发展的三阶段论。

第一阶段是社会化心理（socialized mind）阶段。在这一阶段，人已经部分超越了自我中心，想事情、看问题会从社会的角度进行，考虑他人的视角和利益。从完全的自我中心到社会化心理肯定是一个进步，但永远处于这一阶段，人就有可能过分关注他人的看法、好恶、评判标准等，就会为了讨好他人和世界而失去了自主性。

第二阶段就是自主（self-authoring）阶段。从这一阶段开始，人开始有了自己的观点和看法，有了自己的分析和主张。渐渐地，这一阶段的人们开始有了自己的过滤镜，看待新问题也会使用陈旧的过滤镜。但当世界发生急剧变化的时候，自主阶段的人尽管也致力于往自己的框框里添加很多新知识、新技能，却无法进行真正意义上的灵活应变，难以跳出已有框架看问题。

第三阶段是自我革新（self transformation）阶段。这一阶段超越了自主阶段，人会灵活应对新情况、新变化。在这一阶段，人不会拘泥于自己原有的认知框架，而是能够根据新的变化灵活地修正自己的框架，甚至推倒重来，重建一个框架。

重要的是如何快速地超越当前阶段，避免进入停滞不前的平原期。

我认为，人生除了归属和成长，还有 Creating，即创造，这样人生的三件事情就是关系和归属（Belonging）、成为和成长（Becoming）、创新和创造（Creating），BBC 三者统一，缺一不可。

大家试想一下，如果大家都接纳你，其乐融融，你享受着健康的社会关系给你带来的一切；你也持续在成长，苟日新、日日新，你内心因为成长而充满欢喜。但是你如果没有创新和创造，不为社会提供实质性的价值，你是不会产生真正的成就感和存在感的。长此以往，你的社会关系也会慢慢变得枯竭和苍白，你的成长也会渐渐停滞，你还会快乐吗？因此，归属和关系、成为和成长、创新和创造，三者可以说你中有我、我中有你，互相依赖和促进，将人生持续向前推进。

当然“创造”绝对不容易！你选择在哪里创造？怎么创造？怎样才能持续创造，为世界贡献价值？这些都是需要认真思考和对待的问题。

因此，BBC（归属、成长和创造）就是人生的三门必修课。它们相辅相成，不断丰富和升华我们的人生。

第3节
你的人设是什么

人设这个词，好像是最近几年才流行起来的。这是一个复杂的概念，可能是英文中“身份认同”（identity）的意思，简单的说法就是“你是谁？我是谁？”。

你是谁、我是谁？这个问题不好回答，而且可能越来越不好回答。

以前就非常简单：你是谁？我是工人、农民、解放军战士、教师、医生、政府官员、企业管理者、科研人员等；或者在生活中我是儿子、女儿、媳妇、女婿、妻子、丈夫、母亲、父亲等。

最多在我们的人设前面再加上一些形容词，当然大多是积极正面的：慈母严父、孝顺儿女、温柔妻子、能干老公等；或者是循循善诱的老师、妙手回春的大夫、雷厉风行的经理、廉洁奉公的官员等。

但时代变了，我们的人设也在不断发生变化！特别是现在多了很多跨界的“斜杠青年”，更加说不清楚他们的人设是什么。

比如说冯唐，他的人设是什么？是畅销书作家？心灵鸡汤写手？著名诗人？精明的投资人？医疗行业变革的先驱者？企业高管？文学青年榜样？……

又比如说王石，他的人设又是什么？万科创始人？创业导师？环保全球社会活动家？慈善家？终身学习者？赛艇运动启蒙者？企业家导师？演说家？……

此外，人们自认为的人设，与别人眼中的人设有没有差别？这种差别又意味着什么？

即使自己不是像他们这样的名人，我们可能也发现越来越难以确定我们的人设，定义我们的人生。这种现象是好还是不好？我们是要定义自己的人生，还是随波逐流，飘到哪里算哪里？

我之前遇到过的一位朋友就告诉我，他不为自己确定人设，不定义自己的人生。这样就可以保持人生的各种可能性，也看看自己到底可以成为什么。

这是一份顺其自然的潇洒，还是一种没有追求的借口？

在世界变得越来越多元化的时候，我们应该包容各种有意思的价值观，毕竟我们的世界为我们提供了几乎无限的可能性，让我们有机会变成不同的人。

事实上，我们的人设常常随时间而变，这也许是人生最美妙的地方。我们的过去、现在和将来，都可能有不同的人设，就好像我们活了好几辈子一样。

我们的人设就是我们人生的轨迹。你希望你的人设是设计出来的，还是自然生成的？你希望你的人设是稳定一致的，还是不断跳动演变的？你希望你的人设是聚焦并清晰的，还是跨界模糊的？其实完全取决于你自己！

你的人生，你做主！我的人生，我做主！

第4节 定义你的人设、刷新你的使命、重塑你的人生

人设很重要，因为它在一定程度上定义了我们的人生。

人设有主动型人设和被动型人设之分。

被动型人设，是指自己并没有去刻意追求的人设，是他人知觉到的我们的人设，有可能与我们的主观意愿相违背；而主动型人设，是自己刻意追求的，体现了自己的理想、梦想和雄心，常常是自己的价值观、兴趣和能力的反映。

比如微软的创始人盖茨，曾经把自己定位成微软的首席架构师；马云把自己定义成阿里的首席老师；马化腾曾经自定义为腾讯的首席产品架构师等。

这些主动的人设，不一定是官方头衔，但却是自觉的、刻意的、引导自己行为的 。这大概解释了马化腾为什么曾经那么热衷于整夜整夜泡在产品群中讨论产品。

主动型人设，是对自己人生的一种定义和追求，往往超越了自己现在的能力和资源条件，会成为激励自己的一种强大动力！

主动型人设，也是一种积极的自我对话。人几乎每时每刻都在跟自己对话，但很多对话可能是消极的、自卑的、打压自己的；而主动型人设通常是积极的、自信的、拉升自己能量的。主动型人设，常常拥有“我能”心态，认为“我能、我行”，尽管现实可能困难重重。

主动型人设，还会直接影响自己的时间分配，会引导自己生命中的很多选择，让我们知道做什么、不做什么；也让我们选择与哪些人在一起。

要不要主动去定义自己的人设?

答案是肯定的，因为一个明确的人设可以帮助我们聚焦自己的资源、增强自己的动力、提升自己的能力。

有了主动型人设，要不要公之于众?

我觉得这一问题见仁见智，但我认为可以宣布，应该宣布。这样就可以表达一种“舍我其谁”的气势，也邀请大家来参与和监督。

主动型人设是否可以随时间有所调整?

肯定可以调整！调整人设就是调整自己的理想、调整自己的志向、调整自己行动的优先次序！这一调整的过程也是灵魂探索的过程！

但需要留意不要“常立志”，最好是“立长志”。主动型人设需要保持一定的稳定性，让自己通过阶段性努力获得一些进展非常重要！

不管你现在做什么，你都可以从当前出发，一步步升华你的人设，刷新你的使命！

比如说，你现在从事的是一般销售的工作，每天被要求打多少个电话、发多少条微信、连接多少个客户……但你可以升华一下你的人设，让自己向“整个公司交易成功率最高的销售人员”的方向去努力；也可以把自己的人设改为“全公司盈利能力最高的销售人员”或者“全公司最懂自己的产品的销售人员”，也可以是“全公司最善于辅导其他销售人员的销售大师”。当然，你也可以眼光朝外，跨越公司边界，把自己的人设升华为“全行业最善于捕捉客户需要并提供解决方案的销售大师”！

如果你现在只是一个普通的程序员，也可以升华自己的人设。你可以把自己定位成“全公司产生最少bug（缺陷）的程序员”；也可以是“最具有产品和商业思维的程序员”；还可以是全公司甚至全行业“最能够提升团队编程效率的程序员”，等等。

埃森哲的CEO朱莉·斯威特（Julie Sweet）说：**“如果你的梦想不让你感到害怕，那它还不够宏大！”**

这样的例子几乎可以无限延伸，事实上层级越高、使命越复杂的角色，人设越有可能得到升华！

你似乎已经看出来，这样的人设升华和重塑，有可能给自己、组织和整个社会带来更大的好处。

作为个人来说，你的站位更高了，更少拘泥于小事了，更少纠结了；你的动力更足了，更能从当前的事情中找到意义感了——就好像同样做泥水匠的工作，认为自己在盖一座精神殿堂的人应该比只知道自己在砌砖的人更有动力一样：你超越了当前任务本身，你学到的东西更多了，成长也更快了！

当你成长更快的时候，你就更有机会去做更重大的事，你就可以在新的高度上再次升华你的人设；当你有机会一次又一次不断刷新和升华你的人设的时候，你就自然进入一种令人兴奋的正向循环中了！

我最近也升华了一下我的人设，等于刷新了我自己的人生使命：

“成为个人与组织重塑的持续探索者！”

这一人设是怎么来的？我是怎么思考的？

因为我意识到，身处现在和未来这样高度动荡、极度不确定、非常复杂、极其模糊的所谓 VUCA 时代；身处人工智能、大数据、云技术、量子计算等技术爆炸性突变的前夜，个人和组织的重要出路——如果不是唯一出路的话——就是持续地再造和重塑自己！

这种个人和组织的再造和重塑，应该是革命性的、脱胎换骨式的、痛并快乐的！

这种个人和组织的再造和重塑是怎样发生的？有什么规律可循？如何帮助个人和组织更敏捷、更流畅、更彻底地再造和重塑，也许是我们进入未来世界的重要使命！

我过去在这些领域，已经有了至少二十多年积累。这是我的兴趣，是我的激情所在，更是我的使命！

因此我有兴趣、有热情、有积累、有使命感去持续探索；同时我也有当仁不让、舍我其谁的内心能量去做这样的探索！

升华我的人设，其实就是升华和刷新我的激情，就是刷新我的人生使命，一定也会帮助我升华我的人生！

当然在战术层面，我可以更多地通过帮助创业者和创新者的个人和组织，帮助他们在个人和组织层面实现再造和重塑，使我未来的工作更聚焦，更接地气。

一句话，升华我的人设，就是升华我的激情、刷新我的人生使命、升华我的人生！

第5节 你真的需要一个人生使命吗

在参加中国组织进化年会时，我听到一个“90后”年轻人讲他的人生使命：帮助更多的人看见价值和美好！

我听了觉得很感动，很美好！

一是因为他30岁不到就在思考人生使命的问题，我30岁时可绝对没有这个境界！

二是因为他的使命中透露出来浓浓的利他精神：他看起来绝对真诚而不忽悠。

三是他确定人生使命的方法：他闭关三天，罗列了自己所有的偶像、兴趣、爱好等，终于把一切连接起来，产生了上述这条人生使命。

有人会说，人生路漫漫，为什么要限制自己呢？没有人生使命，不是拥有更多的可能性吗？

人是无法踏入两条相同的河流的，没法做 AB 测试，因此我们无法知道在这个年龄，或者别的年龄，拥有人生使命好还是不好。

有人还会说，人生路漫漫，你怎么知道现在的人生使命能管一辈子呢？

这个问题问得好！其实没人知道这位“90 后”朋友的人生使命会不会改变。或者我们几乎可以肯定，以后他会产生新的人生使命。

《活出生命的意义》的作者维克多·弗兰克（Viktor Frankl）是纳粹集中营的幸存者。他觉得人生在任何时候都应该有自由意志，不应该因小事而丧失自由意志，哪怕是到了最悲惨的纳粹集中营里。这是做人的尊严。

他研究为什么经历过纳粹集中营的幸存者会生存下来：是因为他们身体好、更聪明、意志顽强吗？研究发现都不是——那些活下来的人，是那些对未来充满希望的人，那些有憧憬的人。

当时维克多·弗兰克就常常憧憬如果能够活着出去，将会和太太一起重游故地；还会到各个大学讲学，告诉人们他是怎样活下来的。

他认为，**每个人都有一个与众不同、别人无法替代的人生使命或目的**。这是不是非常像大教育家陶行知先生所说的**“人生都是为一件大事而来”**，诗仙李白说的“天生我材必有用”，或有些宗教主张的“上天自有安排”？

埃隆·马斯克曾经在接受“60分钟”节目采访时眼含泪水、情绪激动。为什么？因为他觉得很多人，包括他所尊重的人，像美国第一任宇航员等，都反对他，都说应该停止他的太空项目。

马斯克说这些人的话确实刺痛了他，让他觉得心里很难过。他说，我希望他们自己来看一下，我到底在做什么。

想一想要改变世界多么不容易！

马斯克在非常年轻时，就提出要改变世界，要想办法把人类文明放在一个多星球环境中得到延续。他希望在互联网、可持续能源、基因重组、人工智能和为人类找到新的家园等方面改变世界。这就是他为自己确立的人生使命。

强烈的使命感、非凡的韧劲、一切从事物本源出发来颠覆和创新，使得马斯克在新能源汽车、宇航工程、脑机接口、开发太阳能资源、城市交通等多个领域实现了颠覆性的突破。他已经用无可争辩的事实和成就，宣示了人生使命的价值。

不管你信不信人生使命，或者有没有人生使命，有一点总不能回避：天生我材必有用！你要自己去想一下，你与生俱来的才能与天赋到底想用在哪里？上天对你的安排又是什么？陶行知先生说，人生都是为一件大事而来！你的这件大事又是什么？

第 6 节
我要做什么、我想做什么、我能做什么

打败了世界最佳围棋手李世石和柯洁的机器 AlphaGo 有个“老爸”叫戴密斯·哈萨比斯（Demis Hassabis）。

DeepMind 的创始人哈萨比斯 4 岁时，对国际象棋产生了兴趣，只用两周时间学下国际象棋，就赢了不少大人。之后他一路绿灯，5 岁开始参加英国国内比赛，6 岁赢得伦敦 8 岁以下锦标赛冠军，9 岁成为英国的 11 岁以下国家象棋队队长，在 13 岁时修炼成为他所在年龄段内世界排名第二的象棋大师。

如果继续练下去，哈萨比斯成为全球国际象棋头号选手似乎也是顺理成章的事情。

但有一天，他问了自己这个问题：我要继续下棋吗？下棋是运用我的脑力最好的方式吗？什么是运用我的脑力最好的方式？

最后他还是做了一个决定，要把自己的脑力用在对世界更有影响的领域。他选择了人工智能，开始研究大脑和神经系统。后来成立了 DeepMind 公司，创造出了 AlphaGo，打败了李世石和柯洁，极大地改变了人们对人工智能的看法。

不管我们是谁，我们都需要常常问自己：我要做什么？我想做什么？我能做什么？什么是运用我的能力的最好方式？

第 3 章

什么样的经历，塑造了什么样的我们

第1节
为什么想成大事者应该早结婚

在飞机上瞥见《中国日报》的数据，上海新婚年龄不断上升，结婚率不断下降，全国的情况也大体是这样。

中国的年轻人为什么晚结婚、甚至不结婚？相信每个人都能讲出一大套理由：高房价、事业的挣扎、喜欢自由没约束的生活状态、朋友婚姻的不成功让年轻人却步等。

过去人们早早结婚是因为有社会压力、经济压力和生理需要等，但这些因素现在大大减少了：父母盯得不是那么紧了；社会舆论对于晚婚甚至不婚的现象更加宽容了；人们也不一定需要通过婚姻相互依赖、搭伙过日子了。

但是我认为年轻人、特别是立志成就一番大事业的年轻人，应该早早结婚！这样做不只是为了国家、为了社会或者为了人类，更多的是为了自己，为了自己的成长以及成功！

我提出这样的看法，并不是出于私心，也不是对我的两个儿子隔空喊话，而是希望分享我对个人成长和成功的思考。

人生在世，持续成长和进化是大事，可能是人生最大的功课。在目前人类生活方式的设计中，婚姻家庭也许是最能刺激个人成长的制度设计。

首先，婚姻和家庭生活将大大刺激同理心的发育！

同理心可以说是人类关系建设中最重要的特质了。一般的解释认为同理心就是“将心比心，设身处地”。具有强同理心的人常常能够“听话听音”，猜透人家的心思，也能对别人的内心“感同身受”。

新婚燕尔，两个人需要零距离一起过日子，时间一长，一定会产生矛盾。因为两人有差异，差异造成矛盾，矛盾造成不爽与冲突。

一对年轻人人生第一次与没有血缘关系的另一个人这样亲近地生活，其挑战可想而知！

差异造成矛盾，矛盾造成不爽，为年轻人提供了难得的体验，在感受到甜蜜的同时，也大大地烧了脑、烧了心！

这种体验，让人深度了解他人，学习脱离自我中心，试图站在别人的立场上想问题，并且学习如何妥协。对于人生中这些最重要的素质的学习，婚姻也许是最好的学校了！

很多人在婚姻这所学校中毕不了业，选择了中途退学。

对于那些受不了灵与肉的煎熬，选择中途退学的人，婚姻和家庭生活也是一种很好的锻炼。说到底，你的另一半就是上天派来修炼你的人！

其次，婚姻和家庭生活还能够大大提升人的忍耐力和意志力，使人学会保持情绪的稳定。

未来世界风云变幻，人要生存、要成功，保持心灵的平静、情绪的稳定变得越来越重要，也越来越有挑战性。现在很多人焦虑、恐惧、烦躁，心理障碍和精神疾病越来越多，不就是因为驾驭不了人生中的挑战而失去了内心的宁静吗？极强的忍耐力和意志力不仅是未来成功人士的标配，也成了普通大众应对人生挑战的基本能力。

对年轻人来说，两件事情对我们的自我修炼效果最好：结婚生孩子和创业。年轻人不可能每个都创业，但每个人都可以结婚生孩子！

过来人都知道，油盐酱醋、奶粉尿布、婆媳关系，件件都不省心！这些看起来简单、其实不易的寻常琐事，有时确实会让一路走来没有吃过多少苦头的年轻人，真正体会到什么叫“苦其心志、劳其筋骨、饿其体肤”，然后“增益其所不能”，从而可以在未来承担“天降之大任”。

再次，婚姻和家庭生活可以提升人的“平衡力”。

成功人士之所以成功，往往是因为比别人更好地平衡了人生中的方方面面。人生是个多面体，健康、家庭、事业、关系、成长这五个球，一个都不能掉！这样来看，人生的功课不就是锤炼“平衡术”吗？

要练好“平衡术”，就要主动去体验那些“首尾不能兼顾”的痛苦经历。婚姻和家庭生活不就常常在考验我们的平衡和选择吗？让老婆开心还是让老娘开心？留下加班完成老板临时交办的任务，还是遵守承诺参加女儿幼儿园的家长会？承担老板外派任务得到升职的机会，还是待在原地与老婆孩子长相厮守？

这种内心的纠结，没有结过婚、有过家庭的人是体会不到的。身居高位者，无一不是应对内心纠结的高手。他们平衡了人生的方方面面，不断做出恰当的选择！

要想成长、成功，当先修心。年轻人早点结婚生子，可以在人生的早期磨炼自己的同理心、意志力和平衡术，为人生的成功与圆满奠定重要基础。

因此，早些结婚吧！

第 2 节 大学生该不该创业

大学生该不该创业是一个老问题了，因为最近与一位大学校长交流，他问我的看法，引发了我进一步的思考。

大学生能不能创业、该不该创业？我们是否应该鼓励大学生创业？这个问题没有标准答案，肯定是公说公有理，婆说婆有理。

但个人看来，我觉得大学生在校期间就应该创业！如果我的孩子跟我说在大学时就想创业，我会举双手赞成！

我的理由很简单，大学阶段的主要任务是成长，而且是全面成长！创业是最好的促进全面成长的方式！

这里我说的全面成长，包含了身心更加强大、解决问题的能力显著提高、韧劲和耐力受到很大考验、社会交往更加自如并有责任感、开始思考做事情的意义乃至人生的目的等。还有什么比创业更能培养上述素质呢？

大学生阶段去创业，没有什么可损失的。成功了固然可喜，失败了可能更好！我们不是常说成功要来得晚一点，失败要来得早一点吗？

我在研究创业者的过程中，常常发现很多成功的创业者都是在大学阶段就开始创业的。他们中很多人创业时拥有朴素的初心，希望赚一些钱能够减轻父母的负担，自己可以多一点零花钱或谈恋爱的预算。

在这些朴素的初心驱动下，他们开始折腾起来。一计不成，再生一计，他们常常在屡败屡战的黑暗中摸索。他们中的有些人在大学阶段就赚到了人生的第一桶金，有的虽然折腾几年几乎颗粒无收，但却收获了宝贵的经历和经验，这可是人生最重要的财产啊！

大学阶段，还有什么比这种经历和经验对人生更有价值呢？因此我不仅赞成，而且鼓励大学生创业！

第3节
人生就是创业，父母就是 VC，你就是 CEO

我们的人生不就是一个创业过程吗?

我们的父母不就是我们的风险投资人（VC）吗?

我们不就是自己这家公司的 CEO 吗?

我们的一生不就是每天都在创业吗?

出生之后，父母就不断投资孵化我们，希望自己的孩子的“一人公司”能够获得巨大成功!

父母对我们的培养和孵化跟风险投资非常像，不同的是，风险投资人常常把宝押在许许多多创业者身上，希望东方不亮西方亮；而父母这一对风险投资人把全部的宝都押在自己的孩子身上了!

父母给我们的风险投资，是否会获得经济上和情感上的回报，并不是铁板钉钉的事情。事实上很多这样的风险投资都不太成功，有的甚至变成了负资产！我们要思考的是，自己怎样才能避免成为父母的负资产、社会的负资产；怎样才能成为社会的优质资产，以不辜负“可怜天下父母心”!

让我们先来看一下我们“人生创业”的过程吧。

我们出生、求学、毕业。我们长大了，开始找工作，不断地跳槽，去寻找适合自己的饭碗；我们不断地尝试错误，寻找最好的谋生方式。这一过程，其实就是我们寻找“客户”、探索“商业模式”的过程。女怕嫁错郎，男怕入错行。我们每个人都怕选错对象和行业，因为这一切都是“创业人生”成败的关键！

我们跳了几次槽，慢慢开始稳定。我们的“一人公司”开始找到稳定的“客户”，这个雇主愿意付你稳定的薪水！我们把自己的时间、经验和能力卖给了一家机构，并且不断提升自己的综合实力，让自己更具有市场竞争力！我们也不断提高自己的价码，要求老板升职加薪，逐渐跑通了自己“一人公司”的“商业模式”。

当然不那么成功的也大有人在！他们多次跳槽，却始终找不到自己的位置，无法形成自己的核心竞争力。即使毕业于名校，甚至从海外留学回来，照样找不到自己在社会中的独特位置和价值。有的就只能开始“打临工”，在这个“客户”这里试一下，在那个“客户”那里再试一下，脚踩西瓜皮，滑到哪里算哪里。

不得已的情况下，父母——我们无私的风险投资人——看到我们的“商业模式”不成功，总是无怨无悔地继续给我们“注资”，让我们持续“啃老”，甚至出巨资购置昂贵的固定资产——我们人生的第一套房子等。

不管我们的“商业模式”和“战略”成不成功，我们的风险投资人——父母们——都催促着我们“扩大再生产”！于是我们“收购”了一条“生产线”，与另外一家“一人公司”合并：我们结婚了！

我们这两家“公司”的“合并”有可能是强强联手，使我们的“现金流”更充沛了！但也有可能强弱合并，甚至是弱弱联手，我们的现金流状况还可能更加恶化，因为我们生娃了！

我们自己这家“我和你公司”连自己都还没搞定，就要开始做“风险投资”了，因为我们当爹当妈了！

总有一天，我们曾经引以为傲的“产品”——我们自己——开始变得老化，我们的“产品”（我们自己）没有及时迭代更新、持续精进。新“产品”追上来了，一代代年轻人追上来了！他们的“产品”更新颖、更有创意，更要命的是，他们的要价还比我们低！

人生的大戏，也就是我们自己“创业”的大戏，不就是这样每天都在上演吗？

所以不管你选择打工还是创业，都需要仔细想一下你这家“一人公司”有怎样的使命、愿景、价值观、“商业模式”和“战略”，需要持续培养和更新怎样的核心竞争优势，需要如何才能不断地重塑自己！

这是我们人生的功课！

第4节 德鲁克年轻时的榜样威尔第影响了他一生

管理大师德鲁克喜欢看歌剧。有天晚上他去听19世纪意大利伟大作曲家朱塞佩·威尔第的一部歌剧——那是他在1893年创作的最后一部歌剧，名叫《法斯塔夫》。

德鲁克发现，这出充满欢乐、充满对生活热爱、有着难以置信活力的歌剧，是威尔第80岁时创作出来的。当时人们的预期寿命才50岁！

后来德鲁克读到了威尔第的文章，有人问他，像他这样一位名人，到了这么大的年纪，又已经被视为19世纪最重要的歌剧作曲家，为什么还要这样努力，创作这样一出要求极其苛刻的歌剧呢？

威尔第说："我一辈子都在追求完美，可完美总是躲着我。所以，我有责任一次次地尝试下去。"

那时，德鲁克只有18岁，这段故事在年轻的德鲁克内心播下了种子，成为他一辈子的指南针！

德鲁克写道："我也不会放弃，而要继续前行。与此同时，我还要力求完美，哪怕有一点很清楚：完美永不可及。"

终其一生，德鲁克都在持续探索管理的真谛，扩展知识和认知的边界。他知其不可为而为之的追求卓越的精神，最终使他成为一位伟大的管理思想家。

第5节
人到中年，还要不要生二胎

参加老同事的二胎感恩答谢会，亲朋好友来了近两百人，据说比他们结婚时的场面大多了！

席间孩子的妈妈向大家介绍她的心路历程，40 岁要二胎需要勇气，感谢老公、感谢 12 岁的女儿、感谢所有人！她说到情深处潸然泪下。

老同事现在的老板也上台讲话，呼吁自己公司的同事马上跟进学习：没有孩子的马上生；已有一个的马上生二胎；已有两个的马上生三胎。现场同事欢呼声起，掌声雷动！

生孩子是人生重大决定，超过四十岁再生二胎更不是一个简单的决定，需要考虑很多因素。

但最重要的是，还需要扪心自问，要不要把一个新生命带到这个世界上来，这到底意味着什么？人生再没有比这更大的责任了！

我们很多人都是在稀里糊涂中为人父母的。那时太年轻，根本不懂把一个新生命带到世间到底意味着什么。

然后我们在战争中学习战争，边干边学做父母；我们随着孩子一起长大，但这可真是一门遗憾的艺术啊！

孩子的到来需要我们付出很多。

经济上、物质上的付出自不用说了，我们总不能再向父母伸手要奶粉钱、尿布钱吧！我们知道，“两人吃饱全家不饿”的时代一去不复返了。我们要赚钱！我们要赚更多的钱！

时间上的付出也不用说了！在未来的很多年，我们都不能随心所欲地出差、会友、购物；连偶尔看个电影都要费很多周折！

情感上的投入也是必然的。新生的孩子成了我们真正的心头肉！过去对父母也不怎么样，对老婆或老公也就那个样。但现在不一样了，孩子成了我们在这个世界上最牵肠挂肚、十指连心的宝贝！

在养育孩子方面，再聪明的我们，都成了低能儿！我们听着爷爷、奶奶、外公、外婆、叔叔、阿姨们的指点和教诲，小心翼翼、亦步亦趋地应对着、应付着。不过我们很快发现，这些过来人的指点，好像也不完全靠谱。至少他们有可能毕业于不同的学校，属于不同的流派。这些对我们高度负责的“过来人”——我们最亲近的人——也开始掐起架来，原来“公说公有理，婆说婆有理”这句话是这么来的！

亲家之间的生活习惯、育儿哲学和方法论的差异，也导致了小夫妻之间的很多“冷战”和“热战”。这是最好的时刻，也是最坏的时刻。很多人开始得出结论：我们再也不生孩子了！

虽然我们看起来付出了很多，但我们也得到了很多！

孩子的到来，让家里一下子热闹了许多、欢乐了许多！整个家庭充满生气，生命中我们太需要这种生气了！

孩子让我们获得了很大的力量。爸爸妈妈们说，就是每天早上或每天晚上和孩子黏在一起的几分钟，都能让我们感到十分满足、获得巨大的能量。人是需要不断获得鼓舞、获得灵感、获得能量的动物。我们的孩子每天、每分钟都可以给我们带来鼓舞、灵感和能量！

孩子也促进了我们的成长！孩子培养了我们的耐心、提升了我们的勇气、丰富了我们的情感、锻炼了我们的韧劲、牢固了我们的关系！更不用说，因为孩子，我们重温了语文、数学、历史、地理知识，真正开始领悟音乐、美术、诗歌和小说的力量。因为孩子，我们温故而知新、跨界学习、不断拓展自己的知识边界！

因为孩子，我们在世间不再感到孤独；因为孩子我们对未来不再感到恐惧！因为孩子，我们更加努力地奋斗，很多人因此也积累了更大的财富。

事实上，我们的孩子重塑了我们！

说到这里，你想要二胎了吗？特别是人近中年、人到中年或人过中年的你？

很多人的中年本就迷茫，还不如要个二胎，让自己尽快摆脱“中年危机”。

生个二胎或者三胎，我们可以抖擞精神、再披战袍，重塑人生。老同事的现任老板很富有智慧，他号召大家都生二胎或三胎，并不担心大家忙于家事而怠慢了工作。这位老江湖，自己就有三个孩子，他一定非常清楚多子多女不仅意味着多福，更重要的是，多子多女能常常刺激我们的雄心，让我们不用扬鞭自奋蹄；同时新生儿的到来，也大大刺激了人的创造性以及对生活的热爱。还有，大龄产子的夫妇，会更加关注自己的健康：一方面陪伴孩子需要体力，另一方面也希望更加长寿以看到孩子的成长和成功。

人生重塑自己的方式很多，多生几个孩子也可以重塑自己、再造自己！

第 6 节 乔布斯是怎么成为乔布斯的

乔布斯在斯坦福大学演讲时说，被赶出自己一手创立的苹果公司，也许是人生中遇到的最好的一件事情了！

乔布斯说这句话的时候，应该不是矫情。老天给了他一剂猛药，而在当时这剂猛药确实让他颜面扫地、痛不欲生。我们到现在为止，可能都很难想象嚎啕大哭、以泪洗面的乔布斯。

试想一下，哪一个创始人能够忍受这样众叛亲离的羞辱：所有领导团队的成员当面对他投出不信任票、所有董事都拒绝继续支持他？

俗话说，可怜之人必有可恨之处。当时的乔布斯，到底有怎样的可恨之处，让他所领导的团队中所有人都当着他的面否定并抛弃这位天才创始人？

离开苹果公司之后，纽约时报专栏作家诺塞拉写的文章，给当时的乔布斯留下了一张画像，帮助我们多少感受到乔布斯当时的样子：

“乔布斯似乎还没长大。他表现出很多小孩子才有的特点：如果瞧不上周围的人，他会禁不住用粗鲁的方式炫耀自己的智慧；他不会用圆润的方式来处理人际关系；如果对某件事不感兴趣，他会不加掩饰地表示出厌倦与烦躁，就如同一个六年级的学生迫不及待地等着下课。”

那时的乔布斯，之所以落到众叛亲离的地步，确实跟他的“自我中心、刚愎自用、自以为是、脾气暴躁、反复无常”等特点有密切关系。

《成为乔布斯》一书作者布伦特·施兰德说到乔布斯，做了这样有趣的描述：

“别人在探讨一个话题时，如果他觉得自己都懂，甚至比发言人懂得更多，他就会东张西望，不停地抖动双脚，身体在座位上动来动去，就好像受了体罚的孩子，直到自己有机会插话发表看法。而且，他做这些动作时完全不加掩饰，参会的每个人都能看到。乔布斯试图插手干预每一件小事，却让事情的进展变得无比缓慢。”

“在我看来，乔布斯幼稚的行为更像是一个被宠坏的孩子。养父母总对这个聪慧、早熟、心思缜密的孩子百依百顺，如果不按着他的想法来，他就会如同一头受伤的驴子般哀号。

长大成人后，他也没有改变自己的行为习惯，时不时会乱发脾气。”

被赶出苹果公司之后的十多年，乔布斯经历了太多，尤其是领导了两家公司：皮克斯（Pixar）和NeXT。虽然本性难移，他身上很多毛病还在，但他确实变了！他升华了、重塑了自己！乔布斯的重塑，体现为他的管理哲学的升华、个人特质的升华、行为举止的升华。

管理哲学的升华

《成为乔布斯》一书这样说：“无论是在被逐出苹果公司前，还是在创建NeXT后，乔布斯一直相信他无所不能，坚信自己有能力比手下人更加出色地完成任何事情。”

但渐渐地，乔布斯开始认识到团队的力量，集体智慧的价值。同时，他常说的“连点成线”（connecting the dots），也从事情层面，扩展到人的层面。

乔布斯确实还是会非常坚持自己的观点。但有许多次，他改变了自己的想法，照大家的建议去做；有好几次他说过“见鬼了，就按你们说的做吧，既然你们这么聪明”。

苹果公司浴火重生、凤凰涅槃式的几大重要产品的灵感，都来自各个项目和团队。iMac的外形灵感来自于eMate项目；iPod和iTunes的灵感来源于失败的视频剪辑软件；苹果手机的灵感来源于5个不同的团队。在乔布斯的支持下，这5个团队从不同的角度对手机进行探索。

允许第三方软件供应商为苹果公司开发软件，也是乔布斯改变自己想法的例子。苹果公司后来推出了一个软件开发工具包，供任何想为 iPhone 开发软件的人使用，并且宣布开设应用商店 App Store。

乔布斯变得越来越重视团队的力量。在团队建设方面，他相信小团队，相信选对人很重要，并且希望每一个人都能做到最好。后来，乔布斯在苹果公司的高管团队，总体来说是大公司第一团队中最稳定的团队，让苹果公司在乔布斯回归之后创造了奇迹！

我认为，这有可能是乔布斯经历了人生的当头棒喝之后，发生的最重要的转变和升华！

乔布斯从觉得自己能够包打天下、做什么都比别人强的极端自恋，转变到由衷地欣赏团队的力量和集体智慧的价值。经历了这一转变，乔布斯还是乔布斯，还是那个最聪明、最敏锐、最有远见的人，但团队的价值和集体智慧得到了前所未有的极大释放。

个人特质的升华

乔布斯从几乎为零的同理心，完全的自我中心，到开始关心他人、理解他人；从只看到自己优势的自我认知，到全面认识自己优势和弱势的自我认知。这一升华，全方位改善了与他人的关系。

重返苹果公司之前，乔布斯已经学会了与人轻松交流，有时利用散步来与人交流，以帮助人们从过往的经历中学习。

乔布斯也慢慢学会了一对一的辅导。如果是从前，员工没有达到他的预期，他一点也不会掩饰自己的不满，但后来他学会了理解别人，并且找机会私下辅导员工、启发员工。

乔布斯在生命的最后十年里，在工作中与乔尼·艾维建立了非常深刻的、难以言喻的关系。他们两个人都充满创意，都有自己的独立思考，但他们真正做到了能够坦诚、坦然面对彼此。这种互动本身就不太容易。他们能够保持自我、直言不讳而不需要担心对方的感受，但同时又高度欣赏对方、高度协同，成为“苹果奇迹”中最重要的双边关系。

伴随这种演变而来的，是乔布斯在人际关系上变得更加流畅，乔布斯与妻子的关系、与苹果公司领导团队成员的关系、与第一个女儿丽萨的关系似乎都变得越来越好了。

在待人方面，乔布斯也有不少改变。库克说，1998 年刚认识乔布斯时，他自信、傲慢、充满激情。但后来他身上温柔的一面占据了越来越重要的位置。例如，苹果公司的员工或他们的配偶一旦生病，他会想尽一切办法确保他们得到最好的治疗。他是真心实意地提供帮助，而不是随便客气一下。

行为举止的升华

从完全没有耐心，到给人和项目时间；从只知道对人破口大骂，到创造别人可以跟他“对骂”以及第一团队成员之间可以“互怼”的氛围；从事无巨细，时时插手，到很多时候授权放权，只在关键点上披挂上阵、亲力亲为；从刚愎自用，听不进任何意见，到保持开放心态，愿意修正自己观点，接纳他人建议……经历了岁月沧桑、人生的大悲大喜，乔布斯保持了他超人的创造力、对完美产品的痴迷和执着、创造酷炫品牌和产品形象的非凡能力、激发人们内心“改变世界的雄心”的神奇能量、对顶尖人才的判断力和感召力，但同时，修正、缓和了他人性中“魔鬼的一面”，升华了他的哲学，提升了自己的同理心，调整了他的行为。他与众不同的优势深深地吸引了那些顶级人才，同时他的自我修炼又使得他的弱点变得可以忍受，因而成就了奇迹和伟大。

著名管理学者吉姆·柯林斯说：“大部分领袖并非生来就如此伟大，而是经历了漫长的历练与成长。乔布斯正是这样的，他的故事并不是成功的公司的故事，而是成长的故事。他从一位杰出的艺术家成长为杰出的企业管理者。”

柯林斯还说：“你是否能够不断成长，从失败与挫折中重新站起来？是否能将自己的智慧、能量、天赋、才华与想法外化为推动事业发展的力量？这才是伟大领袖的特质。”

那么乔布斯在漫长的“熔炉体验”中，到底为什么能实现这样的升华呢？

尽管资料有限，但我们还是可以根据公开信息，做一些推断和分析。

失败的巨大痛苦当然是重要的外因条件，此外，家庭、太太和孩子以及乔布斯自己患病的经历，都有可能是乔布斯升华和重塑的关键外因；但乔布斯内心强烈的“世界因我而不同”的理想和雄心，以及“见贤思齐”的社会观察和学习能力、自我反思能力，使得他迅速发现自己的弱点，从而在管理哲学层面、个人特质层面和行为举止层面都发生了升华和重塑。

这里有个小故事非常有意思：

在NeXT公司的元老销售负责人列文辞职后两周，乔布斯请他吃饭，并对他说：“你已经辞职了，可以实话实说了。你到底认为我怎么样？”列文直言不讳地说：“如果你再这样一意孤行，就会花光公司的最后一分钱。”“如果你想要成功，就得听听部下的想法，否则你必败无疑。”面对这样直截了当的反馈，乔布斯不可能完全无动于衷。雪上加霜的是，他在NeXT公司五位最重要的元老都走了。

相信这一“集体背叛”又给乔布斯上了一堂最有价值的领导力课，但学费高昂、代价惨重。这一“集体出逃”与乔布斯回归苹果公司之后，苹果公司第一团队的相对稳定形成了鲜明的对比！可以想象，乔布斯学到了一点东西！

事实上，高质量、稳定的第一团队对于企业的成功可说是性命攸关！主动寻求反馈帮助乔布斯提升了自我认知。有一次乔布斯问皮克斯公司的一个负责人，为什么有些下属在与自己相处的时候看上去那么不安。这位负责人一下领悟到乔布斯有时对下属的尖酸刻薄并不是故意的，而是缺乏与普通人相处的技巧。

《成为乔布斯》一书的作者布伦特·施兰德认为，领导皮克斯公司的过程，也是乔布斯重塑和升华的重要路径。在皮克斯，乔布斯慢慢体会到，最好的管理技能就是放手，给予手下的优秀人才足够的空间，尽管这与他的本性相违背。可以说，没有在皮克斯公司的这段经历，就不可能有苹果公司的第二次辉煌。乔布斯从皮克斯公司的两位主要领导人身上，以及皮克斯公司的团队氛围和获得的成就中，观察和学习到了很多管理和领导艺术。

皮克斯公司的一位领导者说："看着团队成员因为合作而变成更好的自己，我想这对乔布斯触动很大。我认为这是他重回苹果公司后最关键的变化之一。他能以更开放、更包容的态度来看待别人的才华，从别人的才华中得到鼓舞，同时激励别人完成他自己无法完成的伟大事业。"

由上可见，被赶出苹果公司的羞辱、NeXT 高管团队的"集体背叛"、下属的反馈和自我的反思、对优秀领导者（自己的下属）的观察和学习、家庭的建立和孩子的出生、身患重病的经历、"二进宫"之后苹果公司第一团队与他的互动等因素，促进了乔布斯的升华和重塑，令他在人生最后的十多年里创造了"改变世界"的辉煌和奇迹！

第 4 章

我们怎样才能成事

第 1 节
人生成功的五大致命伤

人生要成功，至少不要输得太惨，需要提防五大致命伤！

一，身体不好。

身体不好的人，不要说人生的大戏了，连小戏都唱不了！身体不好，就是最大的致命伤了！

因此要尽最大努力，学会管理自己的健康，养成锻炼、饮食、卫生、作息制度管理的好习惯。

二，不爱学习。

不爱学习，不只是不爱读书，更多的是缺乏强烈的好奇心，没有深入钻研一件事情的精神和习惯。

不爱学习的人，无法在分析问题、解决问题的过程中持续精进，驾驭世界的能力自然无法与时俱进，这可是致命伤！

这里不妨学习一下埃隆·马斯克和查理·芒格的建议。

埃隆·马斯克非常关注“第一原理”，从最原始的初衷思考问题，问一下为什么事情一定要这样？什么是这件事最本源的出发点？而不是从现有的基础上改进。

以这种精神出发，可以交替询问“为什么”（Why）和“为什么不”（Why Not）：这件事为什么是这样呢？为什么一定要这样做呢？这件事为什么就不能这样呢？为什么不可以这样呢？这样保持好奇心、开放态度和思维上的灵活性，可以使我们不断探索越来越复杂的世界。

查理·芒格提出，人在自己的脑子里需要装至少 100 多个模型。这些模型可以来自不同的学科，比如物理学、生物学、化学、数学、心理学、社会学、人类学等，让这些跨学科的模型在脑子里互相搏击，融会贯通，人慢慢就拥有了理解世界、改变世界的势能和独特视角。

三，自我中心。

自我中心者最大的特点是缺乏同理心，无法有效地设身处地、将心比心，体会别人的观点、心境和情感。

极端自我中心和缺乏同理心的人是很难在人生中成功的，而且也很难真正快乐起来！不管你未来做什么，你都需要与人相处、与人合作；你需要被人关心，也需要关心别人。

而极度自我中心的人太过纠结于自己的处境，纠结于自己的忧虑、烦恼、自尊和恐惧，生活在自己的世界里无法自拔。

那怎样才能提升同理心呢？

修炼同理心最好的方法，可能是从增进体验开始。体验了别人做的事情，就会对别人的处境产生一种尊重和理解。饱汉不知饿汉饥、不当家不知柴米贵，讲的就是这个意思。

我们可以养成一个习惯，经常问别人“你（当时）是怎么想的，为什么？”“这件事情有什么背景吗？你当时的感受怎样？”等。对于背景的了解，可以帮助我们更好地理解他人的意图。人常常欲言又止，也可能言不由衷，或者话里有话，带着“潜台词”，因此需要我们学会听话听音，特别是弦外之音。这类恍然大悟式的发现，就是同理心的一种升级。

四，缺乏雄心。

没有雄心和抱负也是致命的！

雄心不一定是年轻人的专利，但如果年轻人都没有雄心，这个世界还有什么希望，这个人还有什么值得期待？

雄心是个好东西，它催人奋进和超越自我。但雄心不一定会跟随我们一辈子。失去雄心的人，失魂落魄，毫无精气神，每天只是得过且过而已。

我们可以怎样滋养雄心呢？

我在年轻一些的时候，常常觉得自己底气不足。那时我找到的“精气神大补丸”主要是人物传记和成功学。慢慢地我觉得自己的底气越来越足了，虽然还没有达到“吾善养吾浩然之正气”的境界，但我绝大部分时间都能自我激励，充满能量！

后来我发现，生活中只要我们做个有心人，就能随时随地发现那些可以鼓舞我们、激发我们斗志的人和事。而这种洋溢在空中的“精气神大补丸”或“心灵鸡汤”，是取之不尽用之不竭的。

五，不够坚毅。

坚毅理论是宾夕法尼亚大学著名心理学家安杰拉·达克沃思（Angela Duckworth）提出来的。

坚毅有两部分意思：一部分是关于毅力的，是克服困难迎接挑战的能力，是持之以恒完成使命的能力；另一部分是激情，指的是可以长时间痴迷于某个想法或某个目标的能力。

她的研究发现，影响人生成败的关键，在于坚毅的品格，就是锲而不舍，充满激情，长期执着于某个目标，即使在重大挫折与失败面前都不放弃的品格。

安杰拉说，卓越是磨炼出来的。其实坚毅也是磨炼出来的。那么我们如何才能塑造出坚毅的品格呢？

首先，你可以先用安杰拉的量表测一下自己的“坚毅指数”，看自己有多么坚毅。

其次，建立目标，进行刻意练习。大部分的人在某种能力的精进中，达到一定水平之后就停滞不前了。我们可以通过分拆任务和能力，不断建立具体的小目标进行持续的猛攻，练习、练习，再练习！

最后，每天做一件难做并且不想做的事情！

坚毅也像肌肉一样，需要持续锻炼才能保持并发展，一定要肌肉达到酸痛锻炼才有效！

我不是一个能够坚持的人，因此我非常羡慕和佩服那些意志力顽强、能够坚持的人。事实上我知道，养成良好习惯并坚持下去，对很多人都是一个巨大的挑战。

有很多时候，我们还是需要一些强大的外因来推动，才会去做一些事情。

有一天遇到一个即将步入中年的兄弟。他说，你知道吗，几年前我还是一个超重很多的大胖子，但现在，我每天都要跑10到15公里。

这位兄弟告诉我，他以前没什么目标和追求。但结婚生子之后，觉得有责任给孩子和家庭创造美好生活，而且需要给孩子做个榜样。

出于这种朴素的想法，他开始练习长跑。现在每天都跑，人也瘦了下来。不仅如此，他要求孩子读书，自己先读书；要求孩子锻炼，自己也好好锻炼。要求孩子做什么，自己首先做到，他就是这样做的。

改变自己、重塑自己，你有时候需要一个强大的理由。为了你的孩子，可能是让自己变得更强大的一个有力理由。

第 2 节 为什么拥有矛盾思维的人未来会更成功

很多人说，拥有矛盾思维的人多变、双面。如果真是这样，那拥有矛盾思维的人有可能更容易适应未来，更容易在未来成功、实现辉煌！为什么呢？

首先我们要想想什么是我们的未来。

未来是什么？未来有什么？

未来是不确定的、动荡的、难以琢磨的、混沌的。

在急剧变化、不确定的未来世界里，人的灵动、善变、敏捷可能成为重要优势。

人之所以难以改变，很大原因是人的“思维程式”太僵化、“操作系统”太固化。如果不“卸载”一些原有的“思维程式”，不持续“升级”自己的“操作系统”，就很难做到重塑自己、适应未来。从这点上来说，拥有矛盾思维的人所谓的善变，就有它的积极意义。

当然，重塑自我的挑战是巨大的。卸载原有程式，升级操作系统，先破后立，必定是一个痛苦的过程！不只有身体上的痛苦，更有精神上的折磨。

但总有一些人，他们在历尽千辛万苦之后，凤凰涅槃，浴火重生，变成了更强大的新物种。这些人，原来并不一定具备英雄素质，但经历了血与火的熔炉体验之后，最终成了英雄！

他们终将成为走向未来的领军人物！

拥有矛盾思维的人所谓的两面性和矛盾心理，可能也是最容易适应动荡、混沌的未来世界所需要的素质。

未来就是矛盾的、多维的、复杂的。

更能够驾驭未来世界的人，可能就是那些相信“无可无不可”的人、那些可以在头脑中同时兼容两个相互矛盾的观点的人、那些具有高度认知灵活性的人。

著名管理学家罗杰·马丁（Roger Martin）所提出的整合思维（integrative thinking）模型，就鼓励我们找到两个互相矛盾甚至是两个极端的思想或模型，在冲突中探寻能整合两种思路和模型的更好方案。

拥有整合思维能力的人，可能更善于驾驭矛盾，更能够在互相矛盾的观点、人物、环境中生存，并找到更好的第三方案；他们更能够在黑与白、明与暗、动与静、对与错、大与小、长与短之间灵活游动；作为领导者，他们可能更加善于刚柔并济、软硬兼施、阴阳平衡、攻守兼备、长短结合、大小通吃。

在做事方面，他们不会问出“你到底要营业额还是利润，长期利益还是短期利益”之类的问题，因为他们知道，我们已经进入一个“既要、还要、仍要、又要”的时代，这些根本就不矛盾；在做人方面，他们既拥有菩萨心肠，又能够毫不手软地使出霹雳手段。

因此，当我们进入未来世界的时候，我们将面对越来越多对立的矛盾体。我们需要学会不慌张、不惊恐、不害怕、不纠结、不愤怒、不崩溃。我们将接受这样的矛盾、拥抱这样的矛盾，并在这种矛盾中持续成长、变得辉煌！

第 3 节 冯唐谈如何成事、成功

冯唐到北大汇丰商学院创讲堂演讲，报告厅现场就有 1000 多人，观看网络直播的人更是不计其数！演讲现场还有至少几百位粉丝拿着冯唐的书求他签名。看得我心生嫉妒！为什么我就没当成畅销书作家呢？

但是，即使时光倒流，我不仅可能没有冯唐的才气，而且也绝对比不过他的勤奋！

冯唐的十多本书，几乎全部都是他在春节期间写成的。当我在春节胡吃海塞、无所事事、虚度光阴的时候，冯唐却 20 年如一日，闭门苦读和挥汗写作，实在不是一般人可以做到的。

过去 20 多年里，冯唐不仅写了十多本书，绝大多数都很畅销，而且还做了协和妇产科医生、麦肯锡全球合伙人、华润集团战略部一把手、华润集团医疗业务 CEO、中信资本著名投资人！

当问到他为什么每次都能跨界成功时，他说，一要打穿一点，带动全面，也就是在一点上一定要钻得深透，然后兼顾其他；二要胆大，不要有框框，要突破思维的边界。

我发现能够跨界成功的人，胆子都很大，不拘泥于传统打法和思维模式，敢于“无中生有”。

冯唐最近写的书叫作《成事》，借曾国藩的故事和著作讲人生如何成事、成功！成事和成功，当然是人生大事。人活一辈子，如果从来没有成过事，那就一定不算成功，一定很难有存在感、成就感、安全感，也很难算是完整的人生。那么冯唐怎样总结曾国藩的成功之道呢？

他一共说了三点：

一、大处着眼，小处着手；

二、不睡懒觉（勤奋）；

三、屡败屡战。

“大处着眼、小处着手”这八个字，估计很多中国人都学过，也知道，但做起来就相当不容易！你要怎么“大处着眼”呢？要登高望远、要审时度势，要抬头看路；这都需要眼光、需要高度、需要境界。冯唐说，“大处着眼”最重要的是透过表面看到本质，产生真知灼见！每件事都总结出个一二三来！

小处着手也不容易。坐而论道的人多，指手画脚的人也不少；真正肯弯下腰、蹲下身子、趴在地上把握细节，并把细节融会贯通的人真不多见。

上天似乎很公平，你在大处无法产生洞见、小处不能把握细节，就一定会被挡在成功的大门之外！

事实上，大处着眼、小处着手所需要的思维模式是有差异的。大处着眼更多地需要概念思维、全局思维，要看到全局、看到森林；同时要产生顿悟、洞见和新的概念；而小处着手更多地需要分析思维，把事物“无限拆解”，看到每棵树，并找到互相之间的因果关系。全局思维和分析思维（既看到森林又看到树木）的思维方式交替使用，构成了高手审时度势、解决问题的方法论。

冯唐总结的曾国藩的勤奋就不用多说了，最关键的金句就是，“聪明人用笨功夫”。这句话说说容易，但做起来难。聪明人用笨功夫、笨办法一定会挖地三尺，从而打下坚实的基础。

屡败屡战，是冯唐总结曾国藩成事的第三点。这好像与丘吉尔的观点遥相呼应。丘吉尔曾经说过，失败并不是致命的，让我们永远、永远、永远不要放弃！

冯唐除了总结出曾国藩成事的三点之外，还分享了他的九字箴言：不着急、不害怕、不要脸！

冯唐认为，很多事情不顺利都是由于时间不够。事物发展自有规律，因此不要着急！

而且不要担心结果，尽人事、听天命。努力到无能为力，一切都由天安排。这样就不害怕、不恐惧了！

不要脸最难，不是每个人都做得到的。很多人就是脸皮薄，吃亏也吃亏在脸皮薄上。

不要脸就是宠辱不惊，毁誉都无所谓！只要做事，没有不被人骂的。当我们不再过于计较他人看法的时候，我们却反而能成事！

如果真有人能做到不着急、不害怕、不要脸，那基本上也做到了刀枪不入、从心所欲不逾矩了！

第4节 人怎样进入“理想绩效状态”（IPS）

“理想绩效状态”是著名运动心理学家吉姆·洛尔（Jim Loehr）博士提出来的，它描述了顶级选手巅峰时候的心理和生理状态。可以说，你内心的感受跟你的绩效状态直接关联。

对于个人来说，如何尽可能地达到并保持“理想绩效状态”，对个人的潜能发挥和组织绩效提升都有巨大意义！

洛尔博士指出，当我们的身体能力、情绪能力、心理能力和精神能力同频共振时，人就会达到“理想绩效状态”，就很有可能创造卓越绩效！

对于运动员来说，身体能力是基础，身居职场的我们，难道不是每天也都在拼身体吗？洛尔博士认为，运动员大部分的时间都在训练、休息和恢复，比赛时间其实很短。而职场上的人们，常常每天要工作 12 小时，休息和恢复的时间很少。

洛尔博士因此建议，职场人士可以借助以下的事情得到一些休息和复原：吃点东西、喝点水、站起来走动一下、换换脑子、在心情上也换换频道。

在情绪上也需要如此，你只要观察那些得冠军时的顶级运动员，他们看起来平静、自信、能量满满！研究显示，那些获得了巅峰绩效的顶级运动员，都有过这样的感觉：

- 身体放松/保持警觉
- 思想集中
- 自信乐观
- 能量满满
- 享受比赛
- 低焦虑感
- 自动直觉
- 充分掌控

相反，那些未能取得好成绩的顶级运动员常常感受到强迫思维、忧虑和影响休息的压力。

对职场人士，洛尔博士建议用以下方式来提升情绪能量：听音乐、冥想（呼吸练习）和可视化憧憬练习，也就是在脑子里过电影，自己看到自己的成功。当然亲密关系对培养情绪能量和能力也有很大帮助。

积极的自我暗示和自我对话非常关键！重要的是高度警惕

负面的自我对话，这绝对会影响我们的状态。要学会将我们负面的自我对话转化成积极的心理暗示。

思想高度集中对于一个职业运动员十分关键！难以想象一个容易分心的顶级高手可以到达巅峰。职场中，要做到思想和精神高度集中极其困难！但商界的顶级高手如巴菲特，几乎每天都要花不少时间埋头专注思考，以集中思想和精神，不做冲动的决策。

洛尔博士认为，精神能力为“理想绩效状态”提供了强劲的能量。这种“精神力”来自人最深层次的价值观和使命感。不管是顶级职业运动员，还是职场中的专业人士，认识到做事的意义以及个人的使命感，将给个人带来无穷的能量。

在创造“理想个人绩效”过程中，除了留意以上几点之外，还需要时刻留意自己的身体姿态。很多时候，抬头挺胸可以增强我们的能量、深呼吸练习可以让我们的思想集中并进入放松状态。

作为职场专业人士，我们有责任为自己创造尽可能多的“理想绩效状态”（IPS），越是如此，我们的幸福感和成就感也越显著，这对于我们自己、家庭、组织和社会，都是意义重大的！

第 5 章

我们怎样重塑我们的重要关系

第1节
其实你有一个好孩子

某天有个学员在课间跑来跟我聊她的儿子。

她儿子十岁了，据她说喜欢足球、游戏，也喜欢看书，而且阅读速度很快，每天可以看两三本。而且还喜欢交朋友。

但困扰这位妈妈的是，她的儿子上课不上心，对成绩好坏也无所谓。当然课间时间有限，我们没法谈得过细，我只是觉得这位妈妈过于担心了。

我跟她说，其实你有一个好孩子！

她的孩子多棒呀！你看，他喜欢足球，喜欢运动，这多好啊！他也喜欢打游戏，现在哪个孩子不打游戏？打游戏锻炼脑子呀，锻炼脑、手、眼的协调和配合呀！只要不是太过分就好。他还喜欢看书，每天还可以看两三本！我们现在苦恼的不就是读书太慢吗？并且他还喜欢交朋友！他好像已经拥有了未来成功的一切！

多好的孩子啊，为什么爸妈还是这么焦虑呢？

可怜天下父母心，我们永远觉得自己的孩子不够好，好了还要更好！我们老是看他们缺了什么，而看不到他们已经拥有什么。我们很多的焦虑甚至愤怒都来自我们与孩子的互动。

我们用自己的想象、自己的标准、自己的假设和价值观来要求我们的孩子。我们脑子里有一幅理想的图画，因为我们自己不够理想，于是渴望孩子达到理想。我们很累，孩子更累！

我们应该怎样做父母呢？这个问题太复杂，每个家庭和孩子的情况又太不一样。因此不能说，一说便是错！

但我觉得三点很重要：

一是永远要爱我们的孩子，永远对我们的孩子有信心，哪怕到了很难有信心的时候！永远不要从心理或行动上放弃他们！这是一个过程，这是一个旅程，一个一定会跌宕起伏的旅程。

二是要给他们空间，成长需要空间。如果无法给他们空间，问题一定出在我们身上，而不是出在孩子身上。

三是我们要保持成长。孩子是我们成长的理由、孩子是我们成长的动力、孩子是我们成长的方向。

让孩子成长吧！让我们自己也同步成长吧！

第2节 我们为什么总要跟别人比

亲朋好友相见，难免互通近况。

家长里短，本来很正常。但人却动不动就要拿自己与别人比：

为什么他赚的钱比我多？

为什么她升职比我快？

为什么我的股票大亏，而他的股票大赚？

为什么她的女儿上的高中比我儿子的好？

为什么他的老婆比我的老婆漂亮？

为什么她的运气比我好？

为什么她家的房子升值得比我家的快？

为什么他家的狗都比我家的精神？

……

这一清单可以无限地扩展下去。

比较之后又会怎样？你是高兴了，还是沮丧了？是干劲倍增了，还是士气低落了？一句话，你是更积极了，还是更消极了？

只要有人的地方，就会有人比人的现象，这似乎是人性使然。但问题是，我们应该怎么比？

中国人说：见贤思齐！这是一种比较。

有见贤思齐习惯的人，听到人家升职快、赚钱多，进步快，想到的是人家的勤奋、创新和好学，这种社会模仿式的学习可以鞭策自己，成为进步的动力！

中国人又说：人比人，气死人！有一种类型的比较就是自我折磨！

自我折磨的人，主要是嫉妒心作祟，就是看不得别人比自己好。嫉妒心是人类重要的情感体验，每个人应该都有，我们不需要因为嫉妒心而感到难为情。

有研究发现，不少人听到别人比自己好时，可能口头上表示祝贺，但表情中却透露出一种不易察觉的痛苦，其实反映了真实的内心。

更进一步，研究发现，**人类还有一种情感体验叫幸灾乐祸（Schadenfreude）**。

有的人在某些情况下，当知道别人受苦或失败的时候，会产生快乐和满足感。这种把自己的快乐和满足建立在他人的痛苦之上的情感体验，也许就是人性中的阴暗面吧！

这种看起来的"阴暗心理"，如果过度强大，或者达到失控状态，就有可能导致可怕的行为。因此，对人性中那些所谓的"阴暗心理"加以管控，引导到积极正面的方向，转化成正能量，是人生的功课。

其实，世界上看起来比我们过得好的人数不胜数。

但看起来比我们过得差的人也数不胜数。

所以比什么?!

人永远都是比上不足比下有余。

永远都是处在围城中，你想进去，人家想出来。

到底是你想过别人的生活还是人家想过你的生活，谁知道?!

想明白了的人，不需要等到四十不惑，就悟到了一个道理：多想想我们已经拥有的，少想想我们现在还没有的。

想明白了这一点，人就会非常坦然、自信地说：

我不想过别人的生活，我就好好过自己的日子吧！

第3节 我们要感恩什么

人类是情感丰富的动物。常怀感恩之心，可以让我们内心感到很温暖、很快乐、很幸福。

我们要感恩什么？

这个问题，真要回答还不太容易。

首先我们要感恩自己还活着！

其实活着并不容易。

人生无常，不要觉得今天睡下去明天一定醒过来。乔布斯不是说，永远要把今天当成是人生最后一天吗？

感恩生命，我们要活在当下！既不为过去的岁月有太多的懊悔，也不为高度不确定的未来自寻烦恼。

活在当下，就需要我们认真对待正在与我们对话的人；细细咀嚼现在吃的这口饭；好好欣赏眼前的蓝天白云、绿树红花。

我们要感恩我们的父母。他们总是坚定地站在我们身后，不离不弃，永远做我们安全的港湾。

自己做了父母才知道父母的辛苦和不易；失去父母后才真正理解什么是心痛。

我们要感恩我们的配偶。他/她们忍受着我们的臭毛病。他/她在柴米油盐酱醋茶的无聊日子里，没有因为别人更性感、更有钱、更温柔、更有趣而离我们远去。

我们要感恩我们的孩子。他们有的天真烂漫，有的叛逆任性，都让我们真正感受到生命的活力。每次我们看到熟睡中的孩子，立马就忘记了生活中的所有烦恼，增加了无限勇气，面对一切困难和挑战。

我们要感恩我们的老师。我们往往不是听话和认真的学生，时不时地让老师“恨铁不成钢”。

我们要感恩我们的老板。他们的“淫威”磨砺了我们；他们的辅导提升了我们；他们的愿景鼓舞了我们。

我们要感恩我们的同事。他们有的好学、有的勤奋、有的聪明；但也有的好斗、有的猜忌、有的耍小心眼。我们好像一堆没有被打磨过的石子，每天在一个木桶里互相摩擦，在痛苦中我们最后都被打磨成一堆宝石。

我们要感恩我们的客户，他们不仅是我们的衣食父母，而且是我们的引路人。我们的很多成长，都在客户的“折磨”中加速。

我们要感恩我们的供应商，他们任劳任怨，常常在忍气吞声中响应着我们的无理要求。我们自认为很厉害，给了别人生路。但如果没有他们，我们什么都干不了。

我们要感恩自己的兄弟姐妹、亲戚朋友、闺蜜知己，他们给了我们宽容和理解，增强了我们的信心，让我们觉得人生路上并不孤单。

我们要感恩时代。每个时代都有各自的苦难，也有各自的精彩。但我们还是最喜欢现在。

我们要感恩所有人！如果我们还能宽恕所有人的话，我们的人生就立于不败之地了！

第4节 如何管理你的老板：选对老板是第一步

我发现，很多中高管的压力主要来自自己的顶头上司，在这里简称老板。于是一个问题就来了：怎样与老板相处？甚至更进一步，怎样管理好自己的老板？

有些人从来都没有想过要管理自己的老板，认为管理好自己的团队就够了，处理好与同僚的关系就好了，其实我们还需要管理与老板的关系！为什么？

首先，很多时候，你工作业绩的好坏，主要是由你的老板来定义的。你没听说过“说你好你就好，不好也好；说你不好你就不好，好也不好”的段子吗？你要业绩好，表现出众，达到理想绩效状态，不跟老板搞好关系基本没戏！

其次，我们在工作场所，老板常常最能让我们开心或者不开心。我有一位客户曾经对我说过，老板开心我开心，老板不开心我怎么都开心不起来。我觉得他说得很实在，很多人的感受就是这样。大部分人受环境因素影响很大，而在工作环境中，老板对我们情绪和幸福感的影响可能是最大的。

最后，老板也是人，也有喜怒哀乐、七情六欲。你跟他的关系不一定非得是铁板钉钉的，也可以通过恰当的方式加以调节。使得双方的关系更具建设性，达到双赢，这对于幸福感的提升效果很大！

因此，为了我们的成功、成长和幸福感，让我们管理一下自己的老板吧！具体怎么做呢？首先你要选择好你的老板。

“加入公司、离开老板”，这是我们常常听人说的一句话。这是一种现象，可见我们常常是因为选错了老板才离开一家企业的。

过去我常常听一些中高管说，公司是好公司，但老板让我受不了。

那么到底应该是选公司还是选老板？让我来回答这个问题的话，大部分情况下我的答案是先选公司，再选老板。当然初创企业可能正好反过来，先选老板后选公司，因为那时只有老板，还没有成规模的公司。

看公司

如果先选公司，当然要先看看公司的赛道、商业模式、战略和组织、品牌影响力、成长机会、文化及氛围等。互联网时代，这些信息基本都能了解到、打听到！

为什么先选公司？因为铁打的营盘流水的兵，公司是实体，有自己的发展历史和基因。公司走到今天受人尊敬和引人瞩目不是偶然的。

但直接上司却常常变化。可能刚刚加入一家公司没几天或几周，你的老板就跑来悄悄地告诉你，因为个人原因，他决定离职，下周一就不在公司了；或者你的老板有天不太好意思地告诉你，公司组织变革，架构调整，他将很快被调到另外一个业务单元。看你一副失落的样子，他马上安慰你，新来的领导经验丰富，做事踏实，待人接物又非常老道，你一定会喜欢他的，相信你们可以配合得很好，未来有什么困难，尽管找我。

这就是组织，变化是唯一不变的真理。从这个意义上来说，遇到一个好老板也不要太高枕无忧；遇到一个“坏老板”也不至于沮丧绝望。一切都不会永恒不变。

你也可能“内部跳槽”，看中了公司内部冉冉升起的一颗新星。你主动“投怀送抱”，期待着有朝一日你也可以搭上“直通车”，好风凭借力，送我上青云。但无常就是无常，这位“贵人”也有可能离职或者换岗，使你不得不另起炉灶。

因此，我认为还是先选公司，再看老板。但是说到选老板，怎么选？

选老板

中国人说“试玉要烧三日满，辨材须待七年期”。时间也许是最好的试金石，但我们没有那么多时间，只能用“短平快”的方式来判断人，这样双方都难免出错。

我们加入一家公司前，大概已经跟未来老板谈过，可能谈过好多次，为什么最后还是没选对人呢？

部分原因是自己在加入公司之前，对未来老板的风险评估做得不够。

求爱或求材的时候，人总会展现自己最好的一面。在面试过程中，你发现未来的老板求贤若渴、爱兵如子、心胸宽广、睿智聪颖、循循善诱、乐于助人，不由得心生欢喜，恨不得马上签聘书，等一天都嫌长！

在人才招聘中，双方这种“一见钟情”然后“闪婚”的情况是很常见的，特别是重要岗位缺位良久的用人单位和对原来的东家已经忍无可忍的求职者，碰到一起就像干柴遇到烈火，马上成交。双方都会暗自窃喜，庆幸自己找到了那个他！

但现在的“蜜月期”通常也过得很快，一两个月的工夫甚至一两周时间，双方如果没有给对方惊喜，甚至看出了对方的破绽，马上会感到失望，难免写在脸上、表现在言语中。

因此双方都应该尽量避免“一见钟情”式的“闪婚”，而是多做几步调查，以大大降低误判概率。那么具体有什么方法呢？

我们不妨沿用传统的方法，提高调查过程的质量。

比如说，多进行几次面试，并创造条件，在不同的环境中交流，在办公室里、在饭桌上、在球场上、在内部会议的发言和讨论中、在行业大会的论坛上等。当然免不了的是对这位老板进行彻底的公开信息的收集。不同的场景、不同的数据来源可以帮助你看到未来老板的多个方面。

同时，老板面试你，你也要面试老板。你要把未来老板问你的问题踢回去：让他介绍一下他最成功、最引以为傲的故事；让他分享一下自己的至暗时刻以及感悟；让他解释一下他上次提拔一个人和辞掉一个人的细节；也大大方方地询问他跟他老板之间的关系怎样等。在你问这些问题的时候请不要怕烦，更不要怕对方烦。因为对方如果感到烦了，你求之不得，正好找机会去窥视一下老板感到烦的样子！

另外还要去做背景调查。通常未来的老板都在明处，找到几个未来老板的现任和前任下属聊一下并不太困难。当然和这些人聊的时候要有的放矢、切中要害。每个老板在“江湖”上都是有口碑的，你不妨依循这些口碑深入挖掘一下，特别是让前下属分享典型事件，这样你就心中有数了。形成判断之后，最后还是决定要加入，就是自己有意识的选择，加入时对风险已经有了一定的判断。

但是，即使你机关算尽，做了彻底的风险评估，也无法避免有看走眼的时候。更何况人又是这样复杂的一种智慧动物。要保持平常心，了解事物的无常性，以学习的精神去面对一些出乎意料的人和事，以一种“人生就是探索未知”的态度积极面对意外。这次没选好，没关系，再来下一次！

当然最重要的还是培养自己超凡的适应能力，使我们能够跟各种不同的老板相处、共赢！

第5节
向上管理：首先做好一个追随者

绝大部分人都是有老板的。要想有效管理你的老板，首先应该做好一个追随者。

我们现在比较强调领导力（Leadership），但对追随力（Followership）强调得不够。做不好一个追随者的人，通常也做不好一个领导者。要想做好大家的先生，先要做好大家的学生。

什么是一个好的追随者？这个“好”字到底应该由谁来定义呢？

大部分情况下，你的老板是主要的定义者，由他来决定怎样的下属才是一个好的追随者。

很多人都没有就这个问题与老板沟通，下属根本不知道老板心目中好的追随者是怎样的，因此上下级其实无法对期望达成默契。

一个最简单的方法就是在面试的时候询问未来的老板，他心目中最好的下属是怎样的。加入公司之后，定期找恰当的时机，比如老板心情不错、很放松的时候，或者共同完成了一项任务，老板比较满意的时候，直接询问老板喜欢怎样的下属，不喜欢怎样的下属，为什么。还可以问："你希望我做什么调整才能达到你的期望？"

经过这样的几次沟通反复验证下来，基本上会让你窥视到老板的内心，同时也有助于增进与老板的关系。为什么要多次反复求证？因为变化多端的老板并不在少数。

我们可以先考虑一个负面清单，老板不喜欢怎样的下属？虽然存在巨大的个体差异，但老板往往不喜欢有下列行为特征的人：

- 总是办不成事情但又喜欢"推卸责任"的人。
- 在团队中喜欢搬弄是非，造成团队不团结的人。
- 做事没有重点，大事不思考，小事天天报，浪费老板时间的人。
- 喜欢说大话、拍胸脯，但最后往往无法兑现承诺的人。

- 事情还没有完成，总是跟别人攀比，不断要求老板升职加薪的人。
- 情绪常常波动，管理成本高，总是向老板提条件的人。
- 重复犯同样的错误，似乎总是学不会的人。
- 说一套做一套，言行不一的人。

总体来说，老板喜欢：

- 在困难中能够挺身而出，坚定地站在老板身边的人。
- 有能力、能担当，省心不惹事的人。
- 严格要求自己，低调务实，有团队精神的人。
- 能够给老板出主意，提供建设性意见的人。
- 进可以让老板看起来光鲜，退可以帮助老板“挡子弹”的人。
- 听话并且忠诚的人。
- 总是能够告诉老板一些他不知道但非常想知道的事情的人。
- 总是能够办成事的人。

理解了什么是一个好的追随者之后，接下来就是要试图去理解你的老板。理解自己的老板，不妨从以下几个方面思考：

老板的压力来自哪里？

你的老板的压力来自哪里？是什么样的压力？你会给你的老板当前所承受的压力打几分？

你的老板的压力会转变成你的压力，因此理解你的老板的压力源和压力值很重要。

你会给你的老板现在面临的压力打几分？造成这种压力的主要原因是什么？你可以在什么地方有所作为，帮助老板调节压力呢？

压力值并不是越低越好。如果老板感受到的压力值很低，要么是挑战度不够，要么是过于麻木，没有意识到当前的危险，也可能说明自己的直接老板在公司中并不是很重要。这几种情况对你都不利，当然对公司也不利。

但如果老板的压力值过高，你观察到老板的动作已经变形，或者过度折磨自己，或者过度折磨他人。

你可以做什么，来帮助你的老板把压力值调整到“创造性压力区”呢？

尽管存在个体差异，但每个人都有一个主观的“创造性压力区”。创造性压力区使人感到兴奋，刺激人的成就欲望，但不至于让人过度焦虑甚至崩溃。

其实担任不同角色的老板有着不同类型的压力。业务口一把手的压力常常来自于目标太高完不成、资源有限抢不到、团队懒散不靠谱、内部绩效攀比没面子等。

而职能口高层主管的压力主要来自于提不出新概念、新思想以推动变革；难以得到业务领导人的接纳和认可；大老板变化太多难伺候；手里没有资源做不了自己想做的事情等。

了解了你的老板的压力源和压力值，你就可以因势利导、对症下药地帮助老板解决问题。要知道，你永远要想着如何千方百计地帮助你的老板成功！

你可以帮老板做的事情比你想象的还多：①你可以主动承担老板觉得很吃力但你正好较有把握的事情。②你可以在老板觉得吃紧的项目上提供额外的信息和建议。③你可以主动归还以前拼命争抢来的资源，让老板有多一点呼吸的空间。④你可以帮助老板去搞定一个让他感到头痛的下属或同事；⑤你可以动用自己的资源从外部引进老板需要的资源。⑥你也可以帮助老板解决一个棘手的私人问题。⑦即使你对老板嘘寒问暖也会对老板调节压力有所帮助。

如果你能在老板压力过大的时候给予安慰和关怀，并且有办法做一点实事降低一下老板的压力值，你不仅帮助了你的公司、帮助了自己的老板，也为自己的未来打下了良好的基础。

什么事情会让你的老板兴奋？

除了理解你的老板的压力源和压力值，你还需要理解你的老板的兴奋点和兴奋值。比如他做什么事情的时候最开心、最兴奋。在这一点上，每个人又是不一样的。有的领导非常喜欢“攻城略地”带来的快感；有的领导则享受振臂一呼的画面感等。

身居高位不容易，位置越高挑战越大。大部分高层领导都需要根据岗位要求克制自己的冲动，而 CEO 是最孤独的那个。

这就是我们总说“高处不胜寒”的原因。

因此作为下属的你，创造一些机会让老板时不时地做一些“爽”的事情以补充能量，对自己、对老板和对组织都是一件功德无量的事情。

你的老板的个性风格是怎样的？

心理学家研究人的个性类型，提供了不少观察人的框架。比如PDP模型把人分为5类“老虎、孔雀、猫头鹰、考拉和变色龙”，你需要了解不同类型意味着什么。老虎型的人的行为特征是目标导向、好胜心强、果断快速；孔雀型的人的行为特征是喜欢人际交往、开朗乐观、喜欢表现；猫头鹰型的人的行为特征是关注细节和流程、一丝不苟；考拉型的人的行为特征是重视和谐、耐心平和、稳定持久；变色龙型的人的行为特征是适应性强、不走极端等。

心理学家大卫·库伯（David Kolb）的学习风格理论把人分成“行动型、聚焦型、发散型和思考型”。你的老板如果是思考型，那他就倾向于三思而后行、谋定而后动，并且喜欢建立模型，寻找事物背后的逻辑和规律；你的老板也有可能是行动型，凭直觉，行动果断快速，喜欢摸着石头过河，说干就干；聚焦型的老板不喜欢多说闲话，喜欢直截了当、有事说事，关注解决问题，似乎只对寻找问题、定义问题、解决问题感兴趣；发散型老板关注新的、不同的可能性，喜欢创造新点子、尝试新方法，等等。这样，当你了解了你和老板的风格差异之后，就更容易理解为什么有的老板缺乏耐心，总是嫌你太慢；有的老板喜欢刨根问底、一副不把你问倒不罢休的样子；有的老板总是说变就变，一天要演很多出戏；有的老板永远看起来一本正经，不喜欢跟你拉家常。你也可以更好地调整自己的做事方式，以寻求更好的同频共振了。

当然个性分类方法永远不可能是完美的，但它们提供了考察人、理解人的思维框架，对自己理解老板并学习如何与老板相处是有益的。

第 6 节 你知道老板最近最关注什么吗

几乎没有职业经理人会觉得自己的老板不重要，但大多数人都没有意识到或者不善于有效地管理自己的老板。

有效管理我们的老板，是一个职业经理人最需要掌握的几个能力之一。

管理我们的老板，可能要从了解他们最近最关注的事情开始

我们知道他们最近关注什么吗？知道他感到最头痛的事情吗？知道他晚上为什么睡不着觉吗？

我们常常假设我们知道他们现在关注什么、关注到什么程度。而这些假设和判断常常发生问题，这种误判恰恰影响了我们工作的有效性。

其实老板也是人，他的时间和注意力也是有限的，也有各类责任要承担，他的时间也被切割得过度碎片化，也很难完全做到眼观六路、耳听八方、面面俱到。

因此不要假设，而要学会经常与老板“对表”，看看对有些重要的事情老板知道多少、认识多少、重视到什么程度。有些重要的事情如果没有进入老板的法眼、没有引起老板的关注、没有让老板产生共鸣，或者没有引起老板的情绪反应，可能对于全局都是致命的。

如果必要的话，为老板提供基本事实和数据，列出你的观点、意见和建议，提供你的可选方案。渐渐地，你就可能成为老板可信赖的助手了。

此外，有些老板可能是最晚知道某些重大事件的人。与其让你的老板成为最后一个知情者，还不如自己成为第一个“告密者”！

不让自己的老板蒙在鼓里，是一个成熟、称职的职业经理人的天职。

持续更新你与老板之间的契约

在任何一个阶段，你都需要与你的老板订立一份契约。而且，随着时间的推移，你可能还要经常更新这一契约。

与老板之间的契约可以包含很多东西：比如最近要做什

么、要完成什么、好的标准是什么、老板希望你在团队中扮演什么角色或发挥什么作用、互动的频率和方式、互动时有什么原则和规矩需要遵守、老板对你的授权有多大、遇到危机情况怎么处理等。

你可以看出来，与老板的契约有具体事务性的、有怎样处理关系的、也可能有心理层面的。契约的详细和丰富程度，取决于你与老板的信任程度、熟悉程度，以及双方的，特别是老板的风格。但与老板的契约也不一定非要由你的老板起草，你也可以把握主动权，先发制人地与老板订立契约。

苹果公司的 CEO 库克，曾经在全球最厉害但也是最难伺候的老板——乔布斯手下工作多年。伴君如伴虎，他最后能赢得乔布斯的信任，继承大位，靠得不只是自己的聪明才干，乔布斯手下可是强将如云啊！

除了自己的聪明才干、专业互补、战功卓著之外，库克还具有高超的智慧和艺术，把握进退分寸得当，与老板互动时也相当得体。

据库克自己介绍，2011 年 8 月 11 日，他接到了乔布斯的电话，让他到家中议事。库克特意问了一下什么时间。乔布斯说，马上。

到了乔布斯家里之后，没什么寒暄，乔布斯开门见山地说要让库克担任苹果公司的 CEO。乔布斯的打算是，自己担任董事长，公司由库克来领导。如果你是库克，在这个时刻你会怎么说，怎么做？

在这种关键时刻，库克并没有痛哭流涕、感恩戴德、猛表决心，而是非常冷静地开始与乔布斯讨论CEO的角色定位。库克希望知道，这一切意味着什么。乔布斯说，你来做所有的决策。但这意味着什么呢？

有时我们的老板也会对我们这么说，你来拍板吧！你来决定吧！这时你不一定知道这究竟意味着什么，你到底有多大的空间。

此时此刻的库克，由于与乔布斯一起共事十多年，双方存在着“师徒”般的情感，但直觉告诉他有些事情不对头。他很老道地问乔布斯：如果有一则苹果产品的广告，我看过之后就可以发布吗？乔布斯笑着说：我希望你至少问我一下。

哈哈，这时，只有这时，库克才真正了解了自己权力的边界在哪里、底线在哪里。库克选择问了一个具体的问题，一个关于营销和品牌的问题。因为他知道，乔布斯最关注苹果公司产品的形象、格调和品位，而广告是这些东西最好的载体，也是乔布斯历来最关心的事情之一。这是库克的智慧所在，这个恰到好处、非常到位的问题，也让乔布斯笑了起来，为什么？因为这个问题巧妙地探得了乔布斯的底线和边界，也与乔布斯重建了责任和心理的契约。

与老板保持建设性的关系，是我们很多人职业成功的关键。在这个过程中我们需要不断学习、持续调整，最后形成自己的处世哲学和风格。

第 7 节
十步，让老板的老板注意你

最近《哈佛商业评论》刊载了一篇文章，标题就很吸引人：《如何让老板的老板注意你?》

我知道，这是很多人的心头之痛：他们觉得自己既聪明又勤奋，为什么得不到更好的机会？他们觉得自己甚至比直接老板更能干、更肯干，为什么总是出不了头？

几乎在每一个组织中，都有不少觉得自己怀才不遇、得不到重用、正在浪费青春的人。他们体会到挫折感、无力感和窒息感！他们中的很多人选择在这样的环境中待着，早出晚归地忙着。有的是迫于房贷的压力；有的生性谨慎，不敢冒险；有的则相信天下乌鸦一般黑，觉得去哪里都一样。他们中很多人还心存梦想，但就是不知道怎样迈出下一步。

《哈佛商业评论》网站上梅丽莎·拉夫尼（Melissa Raffoni）的这篇文章，提出了让老板的老板注意你的十大步骤，希望能够对我们有些启发：

1. 表现出对自己成长和公司的承诺

想办法利用你的业余时间去学习，并努力为公司做更大贡献！特别是学习一些对你当前工作有帮助的内容，或者请你的老板和老板的老板推荐提升工作的书籍。也主动跟老板说，你愿意承担或参与公司的其他项目以支持公司，并扩展自己。

我想这里重要的是你学的内容跟当前工作有关，否则有些老板并不一定会被打动。

2. 聚焦团队的成功，而不只是自己的成功

你如果主动帮助别人成功，很容易被老板或者老板的老板注意到，因为老板关注的是集体的成功。你帮助别人，可能出发点是表现自己，但当你助人为乐成瘾、成性时，自然会在组织中建立良好的习惯和口碑。

在以前的组织中，我曾经给我的核心团队提出过一个价值观："为同事的成功多走一公里"，初心就是建立互相帮助的文化。在一家靠谱的企业中，大部分人都是愿意帮助他人的。但遇到自己的时间和资源不够的时候，愿意多走一公里去帮助别人的情况就大大减少了。其实这种行为是最考验奉献精神和品质的！

3. 对自己的工作心中有数、了如指掌，并且承担责任

对自己的工作一定要做到心中有数、了如指掌。在做汇报、提方案、会议发言中，你是否对业务的关键数字和指标了如指掌，对你自己在领导们心目中的形象至关重要。当然如果出错，也要勇于承担责任，不推诿、不找借口。

在很多人都习惯于找借口、推卸责任的时候，你如果勇于承担责任，从自己身上找原因，并且展现出反思的洞见，是很容易在人群中脱颖而出的。

4. 说到做到，让结果说话

当机会降临时，领导们总是会寻找那些说到做到，并且用结果说话的人。我们应通过小项目的优美呈现来建立自己的口碑。

5. 训练自己战略性地思考问题

展现战略思维能力对脱颖而出至关重要！因此需要展现既能埋头拉车、又能抬头看路的能力！

好消息是，战略思维就像肌肉，可以通过锻炼而加强！

6. 挑战老方法、寻求新答案

你是否能够以创造性的方式，去看待老问题并解决老问题？这种能力非常引人注目，而且对企业的价值很高。老问题摆在那里很久了，但以全新的视角去观察老问题，甚至采用新方法去解决问题，这种创新力很容易展现你的与众不同。

7. 持续提升自己的沟通技能

沟通、沟通、沟通！在组织中，沟通永远是个大问题。

你能否根据情景调整沟通方式非常关键！比如在当众汇报

时展现自信；在与同僚谈话或共事中展现谦逊；在与老板见面时时而展现自己的好奇心，时而采用数据支持自己的观点等。最重要的是，做什么事情都要有始、有终、有跟进！

8. 与公司中各类人交朋友

不要总是“宅”在自己的部门或团队，寻找机会与人合作和交流。这样肯定会提升曝光度和影响力。

有些人总是看不惯曝光度高的人，觉得这些人整天作秀不干活。整天作秀不干活的人是有的，但光会埋头苦干也有问题。未来需要更多既能够埋头苦干，又能够传播信息、连接大家、有全局观的人。

9. 身体力行组织的价值观

展现自己对企业价值观的关注，用语言、用行动！

对任何一个组织的最高层领导来说，一个能够真正实践组织价值观的干部才是好干部。一个有上进心的干部需要常常问自己：为实践组织的价值观，我怎样才可以“多走一公里”？

10. 勇于举手

不要怕举手以展现自己的主动性和积极性。如果你看到有一个机会可以参与做贡献，就举手！

你最好能够建立起这样的口碑：如果只有一个人愿意挺身而出，去承担新的挑战的话，那个人就是你。恭喜你，你的主动和主人翁态度已经成功地印在大家的脑海里了。

你可能会说，这十大步骤同时做到好难呀！

是的，做到所有这些方面很难，而且做到这些并不会保证我们一定脱颖而出、获得成功；但做到这些却可以大大提高我们成功的可能性。这是一场长期的修行，是我们持续精进的道场！

第 8 节 如何应对难搞的同事

常言道：林子大了，什么鸟都有。

在我们的职业生涯中，总会遇到一些难搞的下属、同僚或者老板。

要知道，在别人看来，我们可能也很难搞！

其实，我们每个人身上，都存在着个性上的致命伤或者叫阴暗面，心理学家把它们称为阴暗面特质（dark side traits）。

大概 20 多年前，著名心理学家罗伯特·霍根（Robert Hogan）及夫人创建了一套量表，专门测量人的 11 种阴暗面特质。据霍根夫妇估计，大多数人都有三种左右的阴暗面特质，而 40% 的人身上存在一到两种阴暗面特质损害了他们的职业发展，即使他们现在看起来还不错，甚至很成功。因此，阴暗面特质问题绝对不是一桩小事！

阴暗面特质并不是任何时候都暴露在外。有些人在重要的场合，比如与老板和重要客户在一起的时候，会有所收敛，而在放松的时候会暴露出来。因此，人确实会展示阳光面特质和阴暗面特质。

当然拥有阴暗面特质并不意味着世界末日，乔布斯就是展现出严重阴暗面特质的领导者，但他在人生过程中某些阴暗面特质得到了一定的管控，并且最大限度地释放了阳光面特质优势，因此取得了辉煌的成就。

但问题在于，很多成功人士会把自己的成功部分归因于他们的阴暗面特质，这就有很大问题了。比如说，有些领导人觉得，自己的成功就是因为对人要求很高、很凶，甚至很刻薄，因为这种极高的标准和要求造就了组织的成功。

当然，阴暗面特质本身也不一定一无是处，很有可能存在一定价值：例如完美主义倾向虽然可能把自己和他人都逼疯，但有时也可能给组织带来极致的产品和体验。因此，有效地管控所谓的阴暗面特质，对个人和组织都很有现实意义。

霍根所罗列的阴面特质包括以下 11 条：

- 多变者：有激情、情感浓烈但情绪多变、容易爆发；
- 多疑者：有洞见、过度敏感、好批评人、难以信任他人；
- 小心者：小心谨慎、过于保守、风险厌恶；

- 高冷者：坚韧、冷漠、私密；
- 悠闲者：过度快乐和合作、私下里顽固和独立；
- 自恋者：有魅力、傲慢、自我推销；
- 捣蛋鬼：敢冒风险、钻规则的空子、随性冲动；
- 表演狂：娱乐大家、冲动、善于表达；
- 想象者：有创意、善创新、行为反常；
- 强迫症：勤奋工作、完美主义、管头管脚；
- 顺从者：过度顺从、避免冲突、需要依赖他人。

上述 11 条，我们每个人身上或多或少都存在一些。这也没什么需要大惊小怪的。重要的是，我们自己要清楚，自己身上的那些阴暗面特质，是怎样对我们产生负面影响的。

比如我们是否过于追求完美，事无巨细，件件都要过问，导致其他同事很没有成就感和存在感？

我们是否过于自恋，或者过于享受舞台感，好高骛远有余、脚踏实地不够？

我们的性格是否过于温顺，逃避冲突，结果反而耽误了很多重要的事情？

又比如我们是否过于情绪化，喜怒无常，让跟自己搭档的同事觉得很难捉摸？

……

我们很难了解自己在别人心目中到底是怎样的，因此较好的方法就是主动寻求反馈，让别人告诉自己，自己究竟是怎样的一个人。

此外，我们还需要养成自我观察和反思反省的习惯，经常回顾和复盘我们与别人互动和交往的过程，培养自己的人际敏感性。

而当我们不得不面对同事身上的阴暗面特质时，首先我们不要太过计较，甚至可以为他们身上的阴暗面特质做一些合理化的解释。要理解人的世界就是这样千奇百怪，个性的丰富多彩也构成了人类社会的美好。如果我们对别人更多一点理解，那些阴暗面特质可能也会变得有趣很多。

有的时候，这些阴暗面特质会变得显性化，就是因为当事人太累、压力太大了，因此你安慰别人一下就好，也给别人一定复原的时间。当我们看到一个同事表现得极其情绪化，比如一会儿哭一会儿笑时，我们也不妨一笑了之。还可以在内心对自己开玩笑说，哎呀，这人感情这么丰富，不做艺术家真亏了。又比如，某个同事看上去很高冷，但其实他也不针对自己，对谁都一样。如果遇到一个极度自恋、擅长表演的人，我可能心里就会想，看你这么享受，我就做做好事，成全你吧！除了对事不计较、将其合理化、为他人在内心打圆场之外，还可以留意避其锋芒，或者把握时机做出恰当反应。

所谓避其锋芒，就是不去选择针锋相对，以防逞一时之快而影响大局。有些人在你面前表现傲慢，或者情绪失控，如果你当场反击，只会火上浇油，效果很差。如果能够稍微控制一下自己，不跟他一般见识，然后很镇定地说，你看你现在压力很大，不如好好冷静一下，过两天我们再坐下来好好商量，事情就有转机了。

又有些人，你觉得从来没有得罪过他，但不知道对方为什么一直不信任你，总是怀疑你的初心，让你觉得很不自在。这种让你百思不得其解的人或事，几乎每家公司都能碰得到，有时你可能真觉得倒了大霉了。

对于这些人和现象，一种做法就是不断去建立假设，然后去验证它。因为你需要尽可能地发现现象背后的原因。例如你从别人那里听说，对方从小家庭环境不太好，内心充满了自卑感，因此对于看起来比他强的人有防备心理。通常有这种想法的人，需要得到别人的肯定。你如果建立了这样的假设，可能就会适当调整你跟他互动的方式，比如打破自己不随便表扬人的习惯，也开始时不时地肯定他的长处。如果这种假设被证明不对，可以继续建立新的假设，重新去验证它们。

当然，以上方式听起来是被动反应，你也可以采用一些主动干预的方法。

例如，你多次听别人说，某同事总在同事面前批评你，而且所说内容都是不实之词。但他从来没有当面跟你说过什么。特别是，面对面开会时，你也几乎没有感受过他的“敌意”。在这种情况下，你可以考虑选择较为主动的方法去干预，比如正式地约谈这位同事。

然后，你可以开诚布公、直截了当地指出你听到了好多次来自他的背后指责。你可以说，我的工作一定有缺点，我希望从你自己的口中听到你对我的反馈，同时我也愿意认真思考，想一想如何把工作做得更好。这种直接的干预通常会有警示作用，也能使你获得宝贵的反馈。

有时候，面对这些阴暗面特质，你还可以抓住机会，帮助你的同事提升自己。

例如，你发现一位同事因为害怕冲突而没有分享一个关键信息，因此造成了一定损失。当事人可能很内疚，但他顺从的个性使他下次还会这样做。你跟他面谈的时候，也发现他因为自己感觉专业能力不够，因此常常在关键时刻不敢据理力争、坦诚相告。你于是帮助他一起分析，发现他的专业能力其实一点都不弱，他如果能够学会运用已有的专业知识，更好地参与到问题解决的讨论过程中，不仅可以展现自己的专业素养，让大家对他刮目相看，还可以通过这类讨论，深化与自己相关的专业学习。有时候，人的成长需要的就是这样真诚的反馈，哪怕只是一个充满关怀的眼神。

有时同事身上的这种阴暗面特质也是我们成长的重要条件。这些阴暗面特质磨炼了我们的耐心、提高了我们人际敏感度、扩展了我们对人性的理解、升华了我们的人生智慧。这也是我为什么总是在团队中保留一两位有特长，但也有明显阴暗面特质的同事的原因。

第 6 章

保持能量水平，塑造成功和幸福的人生

第1节
跨学科重塑自己的工作和生活

《盗火：硅谷、海豹突击队和疯狂科学家如何变革我们的工作和生活》一书介绍了人类的一种心理体验，作者史蒂芬·科特勒称之为“出神” （ecstasis），也可以翻译成“狂喜”，甚至可以翻译成“飘飘欲仙”。

按照古希腊人的说法，“出神”是一种“暂时离开自我”的行为；柏拉图把“出神”描述为一种“转换”的状态，在这种状态下，意识会消失，取而代之的是一种强烈的、极度的兴奋，以及变得更聪明。

研究者发现，“出神”体验常常在大脑释放肾上腺素和多巴胺时出现。这些神经化学物质能够加快心跳、集中注意力，同时提醒我们警觉起来并加以关注，这让我们注意到了更多周围正在发生的事情，以及事务之间的联系。

当我们更加深入地进入出神状态时，大脑就会释放内啡肽和大麻素。它们有助于减少疼痛，让我们能够对正在发生的事情给予更多的关注。大麻素还能帮助我们增加横向思考，使我们在分离的思想之间进行广泛连接。

“出神”的体验似乎跟所谓的“心流”（flow）和“巅峰体验”（peak experience）相类似。

“心流”理论是心理学家米哈里·契克森米哈赖提出来的。他发现**“心流”体验能使生命上升到一个新的高度，享受代替了枯燥、无助转化成了控制感**。

“巅峰体验”则是大名鼎鼎的心理学家马斯洛提出来的。马斯洛说，这种巅峰体验令人感觉如此良好，以至于它不仅为自己找到了存在的理由，也为生活本身找到了存在的理由。马斯洛还说，**人们的巅峰体验越多，就越接近自我实现的状态**，就是自身潜能得到充分发挥的境界。

以上提到的几种境界，都有一些共同特征：

- 消除了负面的自我对话，对自己更自信了，内心变得更自由。
- 暂时忘记了过去，也不想未来，只关注当下，因此没有那么焦虑。
- 我们内心源源不断、生生不息地产生能量，而无须刻意努力。
- 觉察周围世界的能力、处理信息的能力、连接万事万物的能力都得到增强。

试想一下吧，当一个人真正进入史蒂芬·科特勒所说的“出神”的状态时，会有怎样的体验呢？

他的内心平静清澈、没有对自己的批判；他能够从自己身上脱离出来，以新的视角超脱地观察自己和当前的经历；他脱离了焦虑，因为他不为过去纠结，也不为未来烦恼。他专注当下，从容地处理当前的事物，好像有花不完的时间；他进入了一个自动自发的境界，无须用力，充满快感，甚至飘飘欲仙，乐此不疲；他好像获得了超自然的能力，悟透了世间的真谛，这是一种怎样的境界啊！

我们不禁要问，怎样才能找到系统性的方法，帮助自己和他人获得更多的幸福感、充实感、成就感、满足感、愉悦感；而尽量减少焦虑感、挫折感、绝望感、孤独感、嫉妒感、不安全感或者被剥夺感呢？

《盗火》一书介绍了不少这样的探索，具体做法包括：

心理学方法

在美国，**人性潜能运动和积极心理学的理论和方法**是很有市场的，也产生了很多著名人物，例如托尼·罗宾斯（Tony Robbins）。有些方法论行之有效并已得到一定的认可，例如个人教练或研讨会等。

高质量的潜能训练研讨班等现在也有不少，人确实可以通过参加设计精良的研讨班来提升自己的内心体验。

神经生物学研究

比如哈佛大学心理学家艾米·卡迪关于肢体语言的 TED 演讲，就指出了人可以**通过改变身体姿势来促进心理和生理的变化**。

简单地说，有时候人在心情沮丧的时候，有意抬头挺胸、加速走路、哈哈大笑等都有可能改善心理和生理状态。

运动与冥想

研究表明，**运动（如跑步）可以有效减缓除重度情况以外的抑郁症**。此外，**冥想也能改善我们的情绪体验**，根据美国医学协会报道，冥想与某些抗抑郁药具有同等功能，但没有副作用。甚至像艾米·卡迪说的那样简单地站起来深呼吸，都会给自己带来能量和自信。因此，我们可以养成经常做深呼吸的习惯。

“出神”技术设备的研发和应用

据说有人已经研发出了一些技术产品，例如**心流软件，帮助人训练自己的身体和头脑，管理自己的能量和注意力，使其更频繁地进入“出神”和“心流”状态**，在工作和生活中表现更好。这一心流软件和配套训练，已经在谷歌得到试用，研究对象报告称他们在工作日中体验到心流的概率上升了 35% 到 80%；甚至在家里也感觉到更多心流。

音乐手段

好音乐有神奇的力量，可以让人进入恍惚的世界，甚至让人飘飘欲仙。音乐神经科学研究发现，听音乐时，我们的脑电波形态和激素水平都会改变。

苹果公司的研究发现，在音乐的作用下，室友间的距离下降12%，一起做饭的概率上升33%，一起欢笑的概率上升15%，邀请他人做客的概率上升85%，说“我爱你”的概率上升18%！

在音乐声中，人们的大脑不仅与音乐节奏同步，也与周围人的大脑同步，音乐能使人们凝聚成一个共同体。

因此音乐或者其他环境条件的设计和设置，可以大大增进团队协同，增强团队创造力，产生集体“心流”。这是任何一个组织都需要学习和探索的方法论。

总而言之，我们需要不断探索如何重塑我们的内心体验，经常到达“出神”“心流”和“巅峰体验”状态，以重塑我们的生活和工作。

第2节 怎样才能过一种快乐和幸福的人生

理查德·布兰森（Richard Branson）可绝不是等闲之辈，他是维京集团的创始人。他之所以成为英国乃至全球最有名的人物之一，不仅是因为他富有，更是因为他无与伦比的好奇心、勇于尝试并挑战极限的企业家精神，以及极度张狂并好玩的个性！

布兰森针对现在有心理健康问题的人很多这一现象，写了一篇主题为快乐的文章。他希望分享自己的快乐和幸福观，帮助这些朋友找到自己应得的快乐。

对“快乐”的普遍性误解

布兰森试图安慰大家，表现出很强的同理心。他说，感到压力很大、恐惧和悲伤并不算什么，他自己在过去的 66 年中，也经历过太多人生的起起伏伏，心碎、恐惧的味道都品尝过。

布兰森说，很多人可能认为，他的巨额财富和商业成功给他带来了幸福和快乐，他说其实正好相反。恰恰是因为他快乐，才有了成功、财富和好人缘！

他进一步解释说，很多人希望通过做一些事情去获得快乐，这样他们常常会失败；快乐不在于你做什么，而在于你的心态、你的状态。

因此，为了快乐，我们需要有意识地思考快乐。不要忘记自己的任务清单，但更要记得写下你的状态清单。不只要关注自己要做什么，更需要关注你会成为什么样的人。

快乐，在于活在当下，感受当下

布兰森说，重要的不是做某些事情，它们也许可以使你获得片刻快乐；更重要的是活在当下，感受当下。

什么是活在当下、感受当下、享受当下？

黄昏时分看鸟飞过、牵着新生孙辈稚嫩的小手、仰望星空憧憬有一天触手可及（他已经启动了自己的航天事业）、家人的餐桌辩论、陌生人的笑脸、雨水飘香、水波荡漾、沙漠风尘、冬季初雪、夏日最后一场暴雨、日落日出……

他的这番遐想，不禁让我想起年轻时读过的一篇短文。这篇短文的大概意思是这样的：

普利策、奥斯卡、诺贝尔、托尼、艾米奖……
人生中的这些大奖，
不是我们每个人天天可以撞上，但是，
夏日里的一杯冰啤酒；
寒冬里的一碗热汤面；
转了老半天正好空出来的停车位；
耳后被爱的人轻轻地一吻……

这些小小的、美好的瞬间，在人生中却是取之不尽，用之不竭的。

多美！

因此，不管我们现在人生的境遇如何，如果我们努力去发现人生中的美，努力去感受当下、享受当下、活在当下；如果我们不把快乐和幸福当成追求的目标，而是当成习惯，像布兰森说的那样，快乐和幸福会到来的！

第 3 节
你最近的能量水平够吗

“意识层级”模型是著名医生和学者大卫·霍金斯（David Hawkins）提出的。他根据研究和观察把人的意识状态分成等级并打上分数。这种意识等级可以说是人的能量等级。你不妨用这个工具来自测一下，你的能量水平怎么样？

能量层级中最低的是羞愧（20 分），然后是内疚（30 分）、冷淡（50 分）、悲伤（75 分）、恐惧（100 分）、欲望（125 分）、愤怒（150 分）、骄傲（175 分）。从 200 分的勇气开始，人的意识开始产生正能量，比如勇气（200 分）、淡定（250）、主动（310 分）、宽容（350 分）、明智（400 分）、爱（500 分）、喜悦（540 分）、平和（600 分）、开悟（700 至 1000 分）。

谁是真正的开悟者呢？可以想象，真正的开悟者在人群中是很少见的，大卫·霍金斯也说他一生很少看到真正的开悟者。借用孔子的说法，我想真正的开悟者至少要达到“六十而耳顺、七十而从心所欲不逾矩”的境界；或者达到王阳明所说的“此心光明，亦复何言”的境界。开悟的人应该已经获得了大智慧，已经参透了世间一切，而且从言谈举止来说，也游刃有余、恰到好处。

能量层级（正）

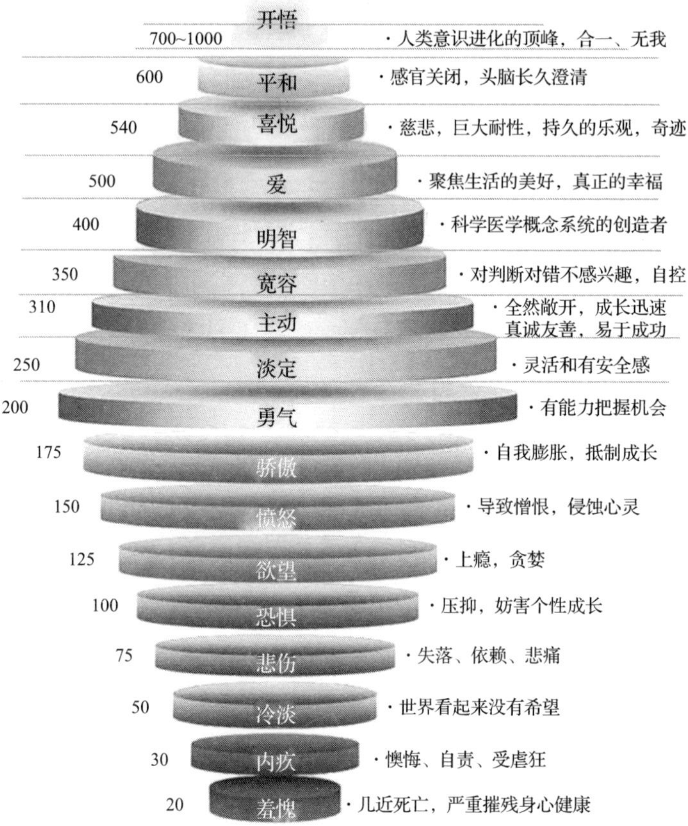

能量层级（负）

大部分人的一生都是在正能量和负能量的交织中展开并向前推进的。

从意识和能量层级模型来看，200 分是一个分界线。200 分以下的意识和情感大都是以自我为中心的，而 200 分以上的情感或意识，则产生于超越自我及对周围世界的关注。

我们不妨用这个框架来对自己进行一次盘点。我们可以画一个四象限的坐标图，横坐标是生活和工作两个维度，纵坐标是能量（正）和能量（负），以 200 分为界。我们可以在生活和工作两个维度，把常常出现的那些 200 分以上或以下的意识或情感状态，花几分钟时间诚实地记录下来。

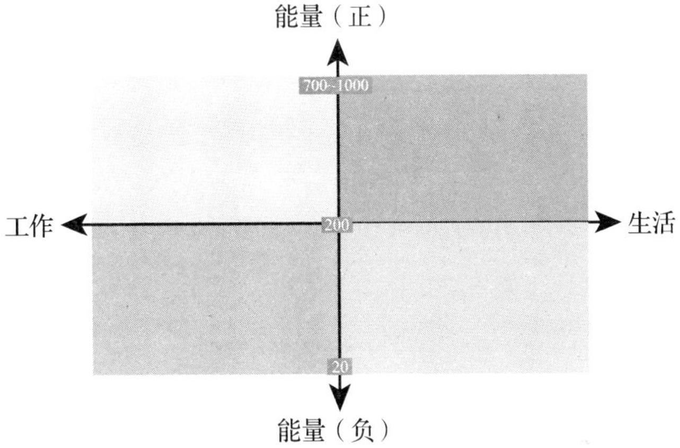

我曾经在不同的场合，邀请企业的高管群体，商学院的学员等，用意识和能量层级对自己做一次盘点，并且要求大家深挖一下自己，然后与周围的人分享自己的发现。

这是一个很好的提升自我觉察的过程。这个量表给了我们一个框架，让我们对自己一段时间以来的情绪情感状态、能量水平进行一次盘点和审视。量表上的那些标签，都是我们向内探寻的一种指引。

当我们为自己打上这些标签的时候，我们需要用过去发生过的事件来支持我们的判断。例如我为什么感到恐惧；对谁和什么事情我们觉得傲慢和不以为然；我们是怎样产生淡定和宽容的情感的，等等。

这一过程让我们对过去的经验和体验进行咀嚼。我们回顾了过往的事件，重新经历了当时的情感和意识体验。对自己的内心体验产生了顿悟和新的洞见，可能以新的角度发现了自我。我们通过梳理并反思“事件-情感反应-对自身影响-自我发现的洞见-必要的行动”这一链条，以一种新的方式处理人生体验，并达到一种新的觉知和觉悟，甚至产生改变的决心并明确行动计划。

我们在跟大家的讨论中发现，尽管很多成功人士体验到了不少正能量，比如喜悦、主动、宽容、淡定等，但也同时体验到了不少负能量，比如愤怒、内疚和恐惧。

他们中很多人的内疚是面对家人时产生的，这点大家很容易产生共鸣。我们常觉得自己工作时间太长，整天不回家吃饭，没有时间陪父母和孩子，错过了孩子很多重要时刻等。因为压力大，即使跟家人在一起的时候，也不是很用心，一起相处的时间质量也不高。这些好像是成功所需要付出的代价。有些事情的代价，是延迟到来的，有一天会来找我们的麻烦的。

例如，我们常常看到一些成功人士与孩子非常疏远，孩子已经不太愿意理睬他们，更说不上心与心的交流了。培养与孩子的关系，是有关键期的。过了这个关键期，要想重建与孩子的连接确实不太容易。

从对“事件-情感反应-对自身的影响-自我发现的洞见-必

要的行动”的咀嚼和反思中，个人已经大大超越了“对家人内疚”这种浅层的感受，而进入对人生本质的深层探索。“家人到底对自己的人生意味着什么”“到底应该怎样构建有意义的事业和生活的关系”这样的问题，有可能彻底颠覆自己的人生哲学，让我们换一种活法，把事业和家庭看成是“完整人生”的一部分，从而更加游刃有余地驾驭人生中的方方面面。

在工作中，高管们也体验到了不少负能量。

为什么愤怒？在工作中控制不了愤怒情绪的各级管理者多如牛毛。这样的话，愤怒发火是因为我们的智慧不够。

当我们收集过往愤怒事件加以深入分析和咀嚼，有可能会发现自身在认知与情感上的特点，以及工作中的系统性问题。这种洞见可以帮助我们产生新的工作哲学、创造解决新问题的方法论。这常常意味着我们个人和组织的一种升华。

大卫·霍金斯的意识层级或能量层级量表，有机会帮助我们提高对自己生存和生命状态的觉察，帮助我们完成对复杂问题的升维打击。我们不妨定期用这一量表自测一下，回顾一下生命中发生的重要事件、这些重要事件的意义、对自己心情和活动状态的影响。并且通过这样的自省过程，调动或改变自己的意识状态和能量状态，达到持续升华和重塑自己的目的。

同时，这个工具也可以用于家庭沟通和团队沟通。家人或团队成员定期用这一量表自评并分享一下各自的状态，可以帮助我们增进理解、发现互相支持和帮助的机会，从而改善家庭和团队关系。

第4节
我们为什么还需要“心灵鸡汤”

励志类的“心灵鸡汤”还有用吗?

借用福特曾经用过的句型，我认为，说“心灵鸡汤”有用或没用，都是对的。

福特的这句话本身就是励志的心灵鸡汤“你认为行还是不行，你都是对的。”[一]

“心灵鸡汤”对我来说就有用。我年轻时底气不足，后来渐渐爱上读人物传记，或者励志类的“心灵鸡汤”。有段时间非常入魔地天天念念有词！比如常念的一句是“今天我开始了新生活”。

在我人生比较灰暗的时刻，我也是每天念着两句诗挣扎起床的，“奋斗啊，奋斗啊！哪怕看不到希望的时候!”[二]“你年轻、你聪明、你勇敢!”[三]

渐渐地我觉得我有底气了!

人需要能量，物质食粮对于保持能量很重要，难怪我们每

[一] 福特的原句是：Think you can or can't，either way you are right.

[二] 原句是：To fight，to fight，to fight，when hope is out of sight.

[三] 原句是：You're young，you're bright，you're brave.

天吃个不停，但我们往往忽略精神食粮、缺乏精神食粮！

事实上，不少人好几个月都没有一点精神食粮的摄入。难怪他们的心理能量在日常的烦心事中很快就消耗殆尽了。每天起早贪黑、披星戴月，我们拖着沉重的步伐上班、下班。我们慢慢觉得自己的内心被掏空了，我们的雄心和斗志在每天的烦心事中被磨灭了！我们的心灵也像我们疲惫的脚步一样变得沉重起来。因此，我们需要“心灵鸡汤”、需要精神食粮，每天都需要！

那么，哪些东西可以成为激励我们的精神食粮、“心灵鸡汤”？哪些东西可以持续给我们能量、让我们受到鼓舞？又有哪些东西可以不断给我们温暖和安慰？

其实，能打动自己的就行！一段音乐、一首诗、一篇文章、一本传记、一段视频、一部电影、几句名言等，对你有效果就行！比如说，有一天早上起来，我如果感觉能量不够的时候，听一段拉威尔的 Bolero，情绪马上就会亢奋起来。

当你看到马云在创业初期，在家里鼓动“18 罗汉”时所讲的那些“疯话”的时候；当你看到霍金全身几乎没有一个地方能动，还那么睿智、幽默，喜欢抛头露面的时候，你不觉得感动吗？你不感到鼓舞吗？你内心难道没有什么东西在涌动吗？你的眼睛没有湿润吗？

那些打动我们、鼓舞我们的人和事，取之不尽用之不竭。只要我们留意，生活中太多的东西可以成为我们的“心灵鸡汤”！

第 5 节
什么是真正的活在当下

有句话很时髦，叫“活在当下”，但什么才是“活在当下”？

听说我们很多人每六分钟就要看一次微信（甚至还有每分钟都要看一次的）；又有研究称我们在一天的工作中有大约一半的时间处于分心状态，那我们怎样才能活在当下呢？

记得有一年在麻省理工学院听卡巴金教授的课。中午吃饭之前，他建议我们全神贯注地吃好这顿饭，好好地咀嚼每一口，细细地体会并享受吃饭的每个瞬间和每一种食物。果然，那是我多年来吃过的最好吃的一顿饭。

平时，我们很多人都匆匆忙忙地吃饭，然后赶着工作。或者边吃边聊，聊天是正事，吃饭只是做正事时的一种形式和场景而已。哪里会细嚼慢咽、好好享受当下的美食呢？

几次在课堂上，都有高管说，他们在工作、开会、一对一谈话中，超过 50% 的时间都处于分心状态。我笑他们每天上班的时候都魂不守舍的，难怪他们的会议这么低效！

很多高管说，他们在工作时间、开会时间、一对一谈话时间，超过 50% 的时间都处于分心状态。

在《礼记 · 大学》中，中国古代的圣贤很早就讲求“正心、诚意”。正心大概就是要让我们关注当下、聚焦当下，而不要“视而不见、听而不闻，食而不知其味”。

这样看来，所谓活在当下、关注当下，无非是把我们的身、心、灵聚焦在同一个地方，让我们能够以最大的能量来应对当前最艰巨的挑战，同时全心享受当下的一切！

让我们试着从认真吃好每顿饭、从集中注意力开好每个会开始，关注当下、活在当下吧！

第6节 我是怎样做到“内心平静、偶有涟漪”的

总的来说，我的情绪能量管理和调动得不错，很少因为负面情绪而消耗很多能量。我的情绪在绝大多数时间里都表现的平静但又积极，即使情绪有波动也只是“偶有涟漪”而已。很多人问我是如何做到情绪管理的？

我记得上一次因为工作原因产生情绪的强烈波动还是在 2008 年。我当时在合益集团担任大中华区总裁。

当时公司要在全球开发一条新的业务线。这条业务线全球统一领导，在每个区域都自建团队，直接向总部汇报，同时也向区域负责人虚线汇报，也就是说，这条业务线在中国的业务主要归全球领导，但我也需要过问，有责任把它搞好。

这种所谓矩阵式管理模式的难点是，当我（地区业务的总负责人）和全球业务线的领导发生冲突时，我们如何协调立场、步调一致。

当时，我自己觉得，我已经在用行动支持公司的这个决定了。

但有一天，公司总部突然有人悄悄告诉我，有人在全球董事长那里告了一状，说我对公司这一新战略和管理模式不合作、不配合、不支持。

我被激怒了！事先不交流、不打招呼，就到一向重用我的董事长面前告了我的状，是可忍孰不可忍！最让我愤怒的是，我感受到了极大的委屈，我对这条新建业务线已经尽了最大努力去支持，却被说成不合作、不支持。

我给我的直接老板写了一封很短的邮件，告诉他，这件事的发生，让我开始怀疑我在公司八年的奋斗是否值得。大家应该看得出来，在全球性的公司，给老板写这样的电子邮件，基本上是不想混了。

我当时的老板是以色列人，脾气很急。他马上打电话给我，我不接他的电话；写邮件给我，我也不回复。我知道只有这样才能激怒他，我的出发点就是激怒他！

我的睡眠一直很好，但那段时间里，我睡得非常不好。

我跟公司和老板这样的“冷战”持续了几周，这条业务线全球的几个大领导都知道了这件事，试图跟我沟通，但我没有理睬他们。直到见到了我的老同事希尔姿（Joyce Shields），我才从这种状态中走了出来。

希尔姿当时担任合益集团华盛顿地区办公室的总经理。我永远也忘不了跟她的这次对话。

听了我讲的这个故事之后，她问我，每次坐飞机是不是都会遭遇到气流颠簸？我说是啊！她再问，每次遭遇气流颠簸，飞机都可能需要穿过厚厚的云层。但每次你是否都能成功穿过乌云，到达目的地，我说是啊！

希尔姿接着说，人生就是这样，你会经历气流颠簸、不得不穿越乌云；但你总会穿过云层，成功到达彼岸的。她的这番话，听起来好像普普通通，但在当时对我来说真可以说是醍醐灌顶啊！

现在想起来，我当时是多么幼稚、任性啊！我又是多么自以为是和自大啊！

希尔姿在关键时候的当头棒喝，醍醐灌顶式的指点迷津，又是多么的及时和到位啊！之后，我跟相关的同事和解了，我们做了很好的沟通，一起向前看、往前走了。

最重要的是，我跟自己和解了。过了这个坎，我后来就走得比较顺，2009 年被晋升为合益集团东北亚区总裁，进入全球执委会；2013 年还当选为全球董事会成员。

从这件事中我认识到，自我是柄双刃剑。自我有积极的一面，例如使人好胜，为行动提供能量；但同时又很有可能过度发展演变成自大。自大的人害怕失控，容易把别人的负面反馈看成是攻击，也无法把批评意见转变为成长的养料。在这件事情中，我就是无法面对别人对我的批评，把他人的负面反馈看成是对我的攻击，进入失控状态，失去了一次心平气和讨论问题、获得成长的机会。

这件事让我学会了如何管理自己的负面情绪，不让负面情绪失控。遇到棘手的事情时，就跟自己说，这是暂时的气流颠簸，一定会穿过乌云的。

当然更高的境界就是王阳明所说的：此心不动，随机而动。

也就是说，平时尽量做到不悲不喜，宠辱不惊，不浪费能量；但到机缘到来的时候，又能够很快调动全部身、心、灵的资源，集聚排山倒海的能量，以完成重要的使命。

王阳明所说的“此心不动、随机而动”的境界，就是我在未来的岁月中需要不断修炼的。

第7节 他们为什么壮年辞职

硅谷黄金搭档、谷歌创始人拉里·佩奇和谢尔盖·布林双双宣布辞职，把谷歌母公司 Alphabet 的权杖交给了印度裔 CEO 桑达尔·皮查伊。

这两个斯坦福大学的学生创造了奇迹！他们最重要的贡献

还不是做出了谷歌搜索引擎，而是创造了一个巨无霸的未来组织：聚精会神地用技术改变世界、用技术解决人类的重大问题。

这一未来组织，拥有使命和灵魂、拥有“不作恶”的良心、拥有成千上万名技术人才、拥有把大量人才组织起来攻克全球最难问题和挑战的能力！

这一未来组织的成功建立，是这两位创始人一生的荣耀！但他们才四十来岁，正值壮年，为什么这个时候全身而退？

人们可能会说，他们还是谷歌母公司 Alphabet 的最大股东，也是董事会成员，他们其实并没有全身而退。

但他们真的不想管了！也真的不会管了！

其实他们消失在公众视野中已有很长时间了。他们不参与日常管理，连美国国会的听证会也懒得参加。据说目前在买下的一个岛上享受世外桃源般的生活。

他们未来会一直消失下去吗？

联想到马云和微软的盖茨，他们也是功成身退，但毕竟只是换种活法，还是能量满满，只不过是把能量用到了别的地方。

亚马逊的贝佐斯也创造了奇迹，但他现在对工作还是充满干劲。贝佐斯说，他每次休假，都期待着回到工作中来，因为内心中还是拥有一团火焰。

功成身退是一种活法，继续奋斗是另外一种活法。我好奇的是什么样的能量驱使着这种变化。

前不久美团 CEO 王兴宣布，二号人物王慧文退出美团，这一消息让我有些惊讶。革命尚未成功，王慧文这样的重要人物为什么会退出？

王慧文自己发布公开信称："一直以来我都不能很好地处理工作与家庭、健康的关系；也处理不好业务经营所需要的专注精进与个人散乱不稳定的兴趣之间的关系；不热爱管理却又不得不做管理的痛苦也与日俱增；我也一直担心人生被惯性主导，怠于熟悉的环境而错过了不同的精彩。"他表示将选择退休，换一条人生轨道，换一种生活方式。

公司上市对于几乎所有创业团队元老来说，都是一个重要的里程碑。很多创业团队的元老都会把公司上市看成是功成身退的重要节点。除了像拼多多这样很快上市的创业企业，大部分成规模的创业企业需要接近十年的奋斗才能上市。

在这种"十年磨一剑"的艰苦卓绝的奋斗中，有不少创业团队的核心人物的脑力、心力和体力已到极限！在上市后退出，对自己，特别是对主要创业伙伴和投资人都已经可以交代了。一起奋斗了这么多年，几乎耗尽了所有力气！现在上市了，情况还不错，选择功成身退，应该可以面对老板、面对团队、面对自己，问心无愧了！

王慧文的公开信写得非常坦诚，把自己的内心拿出来给大家看，非不为也，实不能也！我实在撑不下去了！

你看他的矛盾和内心冲突多么激烈！

第一，身居核心高位者如王慧文，创业之路一定艰辛异常，过得简直不是人过的日子。一路走来，只有工作、工作、工作，哪有什么家人、健康和自己的兴趣可言！从他文中展现的纠结来看，内心可能早就在打退堂鼓了，只是一人之下、万人之上，身不由己。

可以想象，多少个夜晚，他既心生退意，又反复给自己打气：革命尚未成功，同志仍须努力！第二天早上他又重新精神抖擞地面对团队指点江山，甚至痛骂下属革命意志软弱！领导者的双重性格就是由此而来的吧！

未来每当我们看到大佬们气吞山河、气势如虹、视征服世界如打德州扑克那样豪情万丈的时候，千万多长个心眼，从大佬们的眼神、声调、语气当中，捕捉他们一丝的软弱和动摇，恰当地提供一点鼓舞和温暖。强人如王慧文，也是人啊！

不知道一路走来，王兴给过王慧文多少鼓励和鼓舞；王慧文的同事们，被王慧文的“淫威”所“欺骗”的下属们，又给过王慧文多少温暖。有时候，那些“领导真是英明”“领导唯一的缺点就是不注意自己的身体”这类拙劣的马屁，可能也是对领导的能量加持，也是对组织功德无量的。要知道，高处不胜寒啊！

第二，看得出来，创业路上王慧文过得有点拧巴。他的很多兴趣、动机未能在工作中得到很好的满足。有时候，他被事业所裹挟，做的事情并不一定是他最想做的。

从他写的公开信中可以看到，他兴趣广泛，可能喜欢打游击战、运动战，但业务需要，他又不得不去打阵地战；他也许特别热爱进攻而不喜欢防守，但棋行中局，身为最高领导者不得不学会攻守兼备，软硬兼施。既享受攻城略地带来的快感，又关注组织建设、文化塑造、干部培养等管理工作。

王慧文说自己不热爱管理但不得不做管理，这多少让我感到诧异。一位长期征战商场、一路拼杀的最高指挥员，这么多年还是没有培养起对管理工作的热爱。为什么一路走来就没有找到持续自我加持、不断滋养自身心灵的窍门，而使自己陷入今天这种心力交瘁的状态呢？

纵观过去四十年，中国出现了一大批能征善战的业务领导者，也出了一大批过惯了“996”式生活的各级管理者，这是中国经济发展最宝贵的财富！

但是，这是一个极度疲劳的群体，是一个心力交瘁的阶层，是脑力、体力、心力已经到极限的一群人。

从王慧文的信中，我看到领导者的重塑和升华是多么艰难，人的能量的持续加持和滋养是多么重要！

第 7 章

持续精进、终身成长

第1节 人生的五大精进

现在越来越多的人接受了终身学习和成长这一概念。我们都理解了终身成长的意义（why），但不一定把握了终身成长的具体方法和路径（how）。

终身成长的关键是全面成长、不偏科，力图在**身体（physical）、认知（cognitive）、情感（emotional）、社交（social）、精神（spiritual）**上实现持续成长。

人生五大精进的第一个方面是运动健身。

人群中有多少人有运动健身的习惯呢？我说的运动健身的习惯是指每周运动3到4次，每次至少半个小时的那种锻炼。

我每次在公开演讲或公司的内训中，都会问参与者这个问题。通常我会看到大约有20%的人表示他们有运动健身的习惯，有时人数甚至不到10%。一开始我也觉得诧异，为什么在受过良好教育的人群中，拥有运动健身习惯的人这么少？

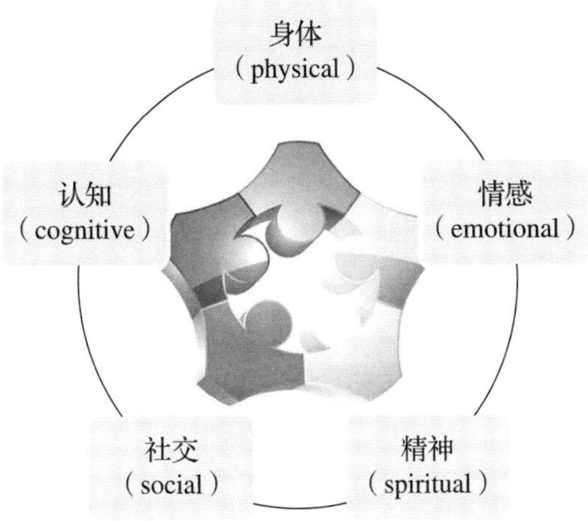

对我来说，真正意识到运动健身的重要性，并付诸实践也就是最近几年的事情。其实，人的懒惰、**人的惯性的力量是很强大的**。

2009 年的时候，我在哈佛商学院参加一个高级管理课程。我和另外 7 位同学住在一个大的套间里。我们每一个人的房间很小，刚够放一张书桌。这种设计可能就是让我们不要宅在自己的房间里，而是要走出房间来跟同学多交往。

我刚去的几天，每天早上大概 5 点，都能听到室友开门出去的声音。有一天，我在跟几个同学聊天的时候，有一个同学问我，你不运动健身的吗？我们这个组有来自美国、英国、法国、新西兰、泰国、智利和印度的同学，我不好意思说没有运动健身的习惯，就说，我运动健身呀，这几天主要在倒时差，所以没运动健身。其实，运动健身对倒时差最有帮助了！

之后我每天很早起床，跟这些同学们一起去健身房。回国之后，我坚持运动健身了一阵，但慢慢又松懈了，一直到几年前加入万科。

万科被称为“万科运动员有限公司”。公司上上下下的人都有运动健身的习惯。公司高管中就有好几个经常参加马拉松比赛。万科还对每个人进行年度体能测试，成绩下降的团队领导会被扣奖金。

尽管公司有这种环境压力，但要让我这个天生不喜欢运动健身的人养成运动健身习惯，也不是一件容易的事情。我是一个“常立志”的典范，而不是一个“立长志”的榜样。我该怎么办？

首先我觉得应该降低启动做这件事的心理成本。像很多人一样，让我一周去健身房或者到户外运动健身好几次，是一件想想都很烦的事情。就算为了运动健身付了高昂的私人教练费，我也不见得能够坚持下来。

但我还是找到了一个适合自己的方法：我在家里买了跑步机、室内自行车、划船机。这样，我就可以边骑自行车边刷微信，在跑步机或划船机上边运动健身边看视频。这一招非常有效！虽然我的运动量比不过别人，但我坚持下来了。每周我都要运动健身好几次，有时甚至每天都锻炼一下。所以，每个人都要找到适合自己的方法，找到可以让自己马上启动并且能够坚持的方法。事实上真想运动很方便，买个瑜伽垫，下载个健身 App 就可以开始了。

经常运动健身可以强化自己的体力和脑力，改善自己的情绪状态，是任何一个靠谱的专业人士必做的功课。

现在，迈开腿我做到了；管住嘴我还要继续努力。

人生五大精进的第二方面是认知上的精进，或者说是认知升级。

认知所涉及的方面很多，例如注意力、记忆力、思维能力等。

谈到认知上精进大家很容易想到的就是知识体系的升级。

管理大师彼得·德鲁克说过，他每三年都要学习一个新东西，每三个月要在一个新领域的知识上下功夫，可见在知识的系统性升级方面，也需要集中优势兵力打歼灭战。

另外，查理·芒格说，脑子里面一定要装一百多个模型，这些模型可能来自生物学、量子力学、经济学、心理学、社会学等。要让这些模型在脑子里融会贯通，渗透整合，这样势必大大提升我们思维的广度、深度和高度。然而这些道理我很早就知道，但是没有照着做。知行合一最难。

人的思维能力在成年后是否还会显著提高？过去的理论认为可能性不大。但近年来脑科学领域的研究证明，大脑和神经系统存在很强的可塑性，被称为神经可塑性。

研究证明，人脑在成年后，也同样会发生化学、结构和功能性的变化。事实上人确实可以变得更加聪明。这也是斯坦福大学教授卡罗尔·德威克的“成长性思维”的基础。这些研究和理论，给我们持续提升脑力、思考力带来了很大的希望。

心理学家、诺贝尔奖获得者丹尼尔·卡尼曼教授写了一本书叫作《思考，快与慢》，里面讲到一对重要的概念："系统一"思考和"系统二"思考。"系统一"思考大部分是本能的、直觉的，不太需要消耗能量，好像让人处于自动驾驶状态；而"系统二"思考需要刻意努力，需要用到深度思维。

我们很多人都会大量用到"系统一"思考，就是用很多本能和直觉来思考。这样人就可以马上处理和应对很多事情，而不需要消耗大量的能量。这点很重要！因为大脑消耗了我们大量的能量。但是问题在哪里呢？"系统一"思考常常会受自己的偏见和错觉所影响，而"系统二"思考需要刻意努力，但有可能激活更多更广的神经连接，以产生更好的、更入木三分的洞见。

如何进行"系统二"思考？我曾经听过麦肯锡前董事长的一个演讲，他说他这辈子见过很多世界级的领袖人物，各行各业都有。他发现这些人都有一个共性，就是他们都非常善于运用深度思考，也就是"系统二"思考。一个具体可操作的方法，就是所谓"2×2"的方法：一周至少两次，每次两个小时的深度思考。当然这是安静独处的两小时，没有手机和微信、没人打扰的两小时，只有你和世界。

人生五大精进的第三个方面是情绪情感。

人是情感动物，人的情感的丰富性和波动性为人生增添了很多色彩和美好！但是水能载舟亦能覆舟。为情所困、为情所扰、为情所伤的例子比比皆是。因此我们在情绪和情感管理方面要持续成长。

情绪情感管理的最高境界可能是王阳明所说的“此心不动、随机而动”。“此心不动”是指轻易不会动心，更不会伤心。心平如镜、宁静致远。内心震荡的波幅不能太大，剧烈震荡的次数不能太多，而且不能持续时间太长。但这样是否会使人了无生气、缺乏能量呢？王阳明又补了一句——“随机而动”！

机缘到来的时候，人的情绪、情感可以排山倒海、汹涌澎湃，产生的能量可以让人为之一惊，但如何把握这个机缘呢？这可能就需要智慧了。需要你热启动的时候，我们就要能兴奋起来，调动全身心的能量，去完成一件事情。这让我想起一个名句：上天啊，请赐予我平和的心，去接受那些无法改变的事情；赐予我勇气，去改变那些可以改变的事情；并赐予我智慧去分辨二者。

当然要做到这一点很难，需要长期的努力，所以老子才会说“胜人者有力，自胜者强”。在这里我分享几个小概念、小方法。

第一个概念是管控“杏仁核劫持”。杏仁核是大脑中的情感、情绪中枢，对人的生存很重要。人在危急的时刻，应激反应很可能是不经过大脑思考的。杏仁核被劫持就产生应激反应，它可以使人在最短的时间内调动全身心能量，应对突发事件，这是它积极的一面。但它也会使人处于一种自动或失控状态。比如突然跳起以躲避某种危险；又比如突然勃然大怒，把某人骂得狗血喷头，但事后想想很后悔。何必呢？犯不着。有人可能因为被老板骂了一顿，或者一个项目不顺利，甚至是一场小小的考试不理想，就陷入了一种深深的沮丧和低落的情绪中，持续很长时间难以自拔。这种沮丧可能让人沉溺于某些事情之中，比如没日没夜地玩游戏、毫无节制地大吃大喝，甚至做一些其他事情来作贱自己。但事后会产生自责甚至自我厌恶的情绪。

让我们回想一下，过去三个月我们有过多少次“杏仁核劫持”？过去半年呢？

怎么去管控“杏仁核劫持”？有一些比较简单的方法。

一个简单的方法是深呼吸，比如连续深呼吸 7 次。这是非常重要的一种训练，对平复心情，管控“杏仁核劫持”很有效；另外一个小方法就是自我暗示，“杏仁核劫持”的过程很短，据说只有 6 秒钟，所以你只要控制住这个非常短的时间，就可能避免进入失控状态。你可以念这样一句话，“世界如此美好，我却如此暴躁，不好，不好！”这样连续念几遍可能就会有效果。

第二个概念是学会自嗨，主动寻找“心流”。

“心流”是心理学家米哈里·契克森米哈赖提出的。这是一种全神贯注、全情投入并高度享受其过程的精神体验。心流是一种状态，一种忘我的状态，一种身心灵都体验到美好的状态。

世界不是围绕你旋转的，大部分人都要围绕着世界旋转。

因此自己要想办法找到自己的“心流”，由此刺激自己不断前行。你如果不学会“自嗨”，不要期望别人每天给你灌“鸡汤”。

对很多人来说，一切事情都太难了，需要不断地寻找生活中的“小确幸”，激励自己走下去，而且是富有创造力地走下去！

绝大多数人一辈子都不会得到奥斯卡奖、格莱美奖、艾米奖、诺贝尔奖、普利策奖，等等，但人生中的“小确幸”却随处可得。冬天里的一把火、炎炎夏日中的一杯冰啤酒、爱人印在我们耳后根的轻轻一吻、在停车场转了半天忽然发现一个车位、手机很快没电时突然拿到一个充电宝、秋天里我们在大汗淋漓时感受迎面吹来的一股清风，等等。作为普通人，我们还是可以享受焚香、试茶、高卧、听雨、看山、钓鱼、品酒这样的美好时光的。人生中种种美妙的小瞬间，取之不尽，用之不竭。

说实话，现实的挑战，对人的情绪、情感的要求太高了。没有足够的韧性，是根本坚持不下去的。表面光鲜、内心悲催的大有人在。家家都有本难念的经，这也许解释了为什么有这么多人睡不好，感到焦虑和沮丧，甚至进入抑郁状态。

我跟大家介绍一下我是怎么“自嗨”的。有一年，我作为观察员去剑桥大学商学院上了一周的课。作为观察员，一周下来我基本没有讲话，把我憋得难受。在毕业晚宴上，我主动征得主持人的同意，站起来为大家唱了一段《天上掉下个林妹妹》，赢得满堂喝彩，唱完之后全场起立，五六十个欧洲人为我鼓掌。当然不是我唱得好，而是对于这群欧洲人来说，中国戏曲太独特了。我完全沉浸其中，一定分泌了不少多巴胺，感觉够爽！同时，又做了一次中国文化的传播大使！

第三个概念叫“正念”。这是一种呼吸练习，让我们提高对自己的意念的觉察和掌控。人的意念是分分钟都在不断流动的，我们每天开小差、做白日梦的时间很多，而自己却常常没有意识和觉察。不知不觉中我们的思绪又飘向了远方。

有研究指出，在我们每天的工作中，大概有 50% 的时间处于分心状态。这也许解释了为什么这么多会议都是低效甚至无效的！在你讲话时，对面的朋友看起来好像在认真地听你讲话，但其实他至少有一半的时间是处于魂不守舍的状态的，完全在想他自己的事情。其实你也一样！这是多么可怕！

“正念”就是让我们聚焦当下、活在当下！虽然“正念”在全世界很火，比如在很多大型科技企业如谷歌，“正念”练习已成了员工的标配，但其实“正念”源自东方智慧。《礼记·大学》中很早就有诚意、正心之说。所谓诚意就是不欺人，心口如一；所谓正心就是聚精会神活在当下，不要“视而不见，听而不闻，食而不知其味”。

大量研究发现了正念冥想不仅可以让我们的内心更平静，更能管控情绪，还可以改善我们的睡眠，提升我们的记忆力、注意力甚至聪明程度。

人生的五大精进第四个方面是社会关系。

社会关系包括与家人、同事、朋友、其他人的关系。

社会关系的质量对于人生是很重要的。可以说，我们有什么样的社会关系，就有什么样的人生。社会关系定义了我们的人生。

人生很多的快乐、幸福以及痛苦都是我们的社会关系造成的。人的很多烦恼、甚至是精神和心理疾病都是由社会关系问题触发的。

人的社会关系是有圈层的。在这个圈子里，最内圈通常是家人；然后是知己和闺蜜；更外一圈可能是同事或事业伙伴；再然后可能是泛社会交往的圈子。

在中国人的智慧中，社会关系的好坏首先取决于自己。自己没搞好，社会关系也搞不好，这就不要怪别人。中国人讲修身齐家，要把小家庭搞好，首先自己要修身。

对于大部分人来说，家庭关系最重要。家和万事兴，家不和，人的内心很难平静，内心不平静，事业也会受影响。

因此，如果与父母、爱人、孩子、老板、下属、同僚、朋友、合作伙伴和其他认识或不认识的人在关系上出了问题，先要检讨一下自己。在现实世界中，我们每个人多多少少都有一些社会交往方面的问题。我们可以想一下，对自己来说最重要的三个关系是什么，它们现在存在什么问题，为什么。

如果某种社会关系的重要性很高，但状态又很不好，那就需要重点关注解决了。这些问题通常也比较棘手，因此很多人会逃避和拖延，把头埋进沙堆里，眼不见心不烦。确实，有些事情需要时间，拖一拖也许就会有转机。但当事人一定要觉察到这样做对我们身心的影响，我们常常因为逃避或拖延需要付出额外代价。

如果一个人对自己的社会关系进行了一番审视，发现自己的所有关系都出现问题了，好像与所有人都处不好，好像整个世界都与自己为敌，那首先要想的是自己什么地方出了问题。与世界不能和解，首先是因为我们与自己不能和解。因此，我们就需要好好反思一下，我们在什么地方无法接纳自己，为什么不能接纳。我们只有接纳了自己，才能开始接纳这个世界。

我们要在社会关系领域持续成长，具体方法也有宏观和微观两种。宏观方法就是策略性的思考，经常审视自己的社会关系的特点和演变过程，并主动引导各种社交关系的走向。每个人主动构筑或被动形成的关系网的差异是很大的。每个人自己所处的关系网就像一个小宇宙，自己要常常自问自答一番：我的小宇宙变得更活跃、更多元化、更有价值了吗？同时每个人又都是别人的关系网中的一个节点，是整个大宇宙中的一分子。作为大的社会关系网络中的一个节点，你对整个网络、整个大宇宙是否有价值？这些都需要我们常常审视。

我们选择建立什么样的社会关系，跟我们自己的个性密切相关。有些人喜欢物以类聚、人以群分，交往的朋友跟自己气味相投，这样交往起来很舒服，但却缺了多样性，一定程度上会限制自己的成长。

而微观方法，就是要分析每个重要社会关系的质量和走向。

举例来说，与自己的老板之间的关系。与老板的关系就让很多人感到困扰。我们常常说要管理好自己的老板，连管理大师的德鲁克都专门写了“管理你的老板”的文章，可见管理与老板之间的关系其实是重要的管理问题，会直接影响我们成功与否、成长与否、快乐与否。要经常审视一下与老板的关系，多自问一下：我知道让老板晚上睡不着觉的事情吗？知道他未来三个月三项优先级最高的工作吗？我们的亲密程度够吗？我能给他独特价值吗？我俩互相信任吗？知道他获得信息的偏好吗？比如说他是喜欢当面沟通还是书面沟通？未来我们的关系应该发生怎样的变化，我需要做什么？等等。

总而言之，人生中那些重要的社会关系，不管是夫妻关系还是跟老板的关系，都能独立成为一门学问。

我觉得社会关系领域的持续成长要把握三点：提升同理心、主动扩展、牢记互惠。

同理心也许是人生在世与人交往中最重要的胜任力素质，因此持续提升同理心就很重要。

什么是同理心？简单地说，同理心就是能够善解人意，可以感同身受；就是能够猜到别人的难言之隐，就是没有经历别人的遭遇，但能感受别人的感受的能力。

要培养同理心，首先要学习倾听。我以前满脑子想的都是自己的事，脑子里塞的东西太多了，哪有耐心听别人说话？有时候人家没说几句就把人家打断了。现在我常常提醒自己努力克制，让人把话说完。特别是形成了这样一种意识，听话听音，想想别人说话的弦外之音是什么。当然我现在还没有达到听所有的话都很悦耳，都能听出弦外之音的境界，还需要不断修炼自己。

倾听这两个字，“倾”字用得特别好。前倾，是指一种身体姿势。我们身体前倾，聚精会神地听别人讲话。但其实真正重要的不只是身体上的前倾，还有心灵上的前倾，在心灵上投入。西方人所谓的积极聆听（Active Listening），说的也是类似的意思。

在倾听的时候，还需要注意观察。这是同理心中非常重要的技能。人的肢体语言会透露大量的信息。语言可以骗人，把不开心说成开心，把不愿意干说成很想干，但身体语言却不太会骗人。很多时候迫于老板的淫威，或者出于情面，说出一些违心的话，这些都是人之常情。但我们可以从别人的表情，特别是体态、手势、眉毛的运动中看出蛛丝马迹。

同理心这种素质中，比较高的层级是接纳多元化。大千世界五花八门，所谓林子大了，什么样的鸟都有，要在哲学上接受多样性，要知道多样性特别是人的多样性造就了世界之美，人类之美。百花齐放，百家争鸣，这是未来世界的特点。我不是马云，我的英文讲得没有他那么好，我就没资格说话了？世界是丰富的，有大狗叫，也要允许小狗叫嘛！

接受多样性，甚至拥抱多样性，说起来容易。别人跟我的观点不一样，就是不好的观点了？想事情的方式、做事情的方式跟我们不一样，别人就有点怪、没有前途了？

当然，多样性是把双刃剑，它促进了创新，但也增加了很多管理复杂性和成本。这也是为什么很多领导者不喜欢多样性的原因。但在创新的年代，未来的领导者必须接纳多样性、享受多样性、拥抱多样性，并在多样性中成长并成就辉煌。

建设社会关系，除了同理心之外，还需要主动扩展、主动进攻。

社会关系是需要经营和建设的。但我在这方面就做得比较差。虽然因为工作关系我也认识不少人，但总体来说比较被动。当然还有比我更差的。我有一个老朋友，从来不主动联络，对谁都是这样，常常好像失踪了一样。村上春树说得好，感情不联系就会淡，不珍惜就会散。世界那么大，我想去看看，不只是看山、看水、看风景，还要多与人连接，体验不同的思想和个性之美！

另外，在社会关系方面，还要遵循互惠原则。单方面付出或索取都是不可持续的。沃顿商学院著名组织心理学家亚当·格兰特对于组织中和社会上人们是如何付出和索取的进行了研究。他发现，大约有 19% 的人是纯粹的索取者，他们遇到人就想“他可以帮我什么”“我可以从他身上得到什么”；大约有 25% 的人是给予者，他们会问“我能帮你做什么”；有 56% 的人是所谓互利者，你帮我，我也帮你。

格兰特研究发现，完全的输家是那些过度的给予者，因为他们慷慨地给予别人帮助，反而使自己焦头烂额，无暇顾及自己的事情；但好消息是最成功的也是那些把握分寸的给予者。他们总是能够恰到好处地给人以帮助，最后自己也获得了很大的成功。

我想整个社会和各类组织都需要建立互惠互利的文化，我帮你、你帮我，不让雷峰吃亏。对于那些只求索取，不思回报的小人我们也就敬而远之了。

人生的五大精进**第五个方面是精神和灵性的修炼**。

关于人生意义的问题，确实就像段子里的保安问访客的：你是谁，你从哪里来，要到那里去。另外一个问题就是我为什么而活。很多人一辈子都不会问自己这个问题，即使问了但找不到答案的也大有人在。大概只有少数人不仅会问自己这个问题，还找到了答案。

人生到底有没有意义？要我说，人生本来是没有意义的！

人生虽然没有固有的意义，但为了更好地过好这一生，我们需要赋予自己的人生一定的意义。

一种底线思维就是：活着就是意义！但这个意义好像太消极了，一点也不“性感”。西方有句话说得好：“自己活，也让别人活”（Live，and let live）。这个短句好像很有禅意。有些人只顾自己活着，自己活得虽好，但不让别人活，或者不让别人活得好。所以，“自己活，也让别人活”，似乎已经是一种相当崇高的人生意义了。

西方还有一句话：“好好活、好好爱、好好学”（Live，Love and Learn）。这种人生意义观简称为“3 L”，听起来也不错，好像是说，在我们离开这个世界的时候，我们可以这样说：我活过、我学过、我爱过！是否还应该加一项——“我玩过”？

女性畅销书作者伊丽莎白·吉尔伯特的一本书就叫《美食、祈祷、恋爱》（*Eat Pray Love*）。看来作者是个“吃货”，把吃放在第一位。我们试着揣摩一下伊丽莎白·吉尔伯特所说的：享受美食、敬重上帝、爱人爱己。

中国人对人生意义的思考古已有之。孔子就说：“学而时习之，不亦说乎？有朋自远方来，不亦乐乎？人不知而不愠，不亦君子乎？”按照孔子的说法来推测，他所设定的人生意义藏在三种状态中：在持续学习中不断有新的领悟，并且乐从中来；拥有志同道合的朋友，他们爱你，你也爱他们；成为君子，跟世界和解，不管他人多么不理解你，你都能保持平常心。

我们从孔子的另一段话中，似乎也可以揣摩出他为自己设定的人生意义：“吾十有五而志于学，三十而立，四十而不惑，五十而知天命，六十而耳顺，七十而从心所欲不逾矩。”从孔子的话来看，人生需要不断精进，每十年需要有一个大的势能的提升、境界的提升。持续修炼、不断升级人生的意义，达到“从心所欲不逾矩”的境界，也就是心灵和行为获得完全的自由。

《礼记·大学》中说的那段著名的话，可以看成是中国古代圣贤对人生意义的思考，格物、致知、诚意、正心、修身、齐家、治国、平天下。从儒家的观点来看，人生在世的最高境界，可能就藏在这句话里了。我认为这句话表达了以下几点：

研究万事万物，不断获得新知，真诚、不戴假面具、做自己，活在当下、享受当下，不断修炼、自我精进，搞好小家庭、带好小团队，参与国家治理，共创大同世界。

人生有什么意义？王阳明的临终遗言可能是最好的诠释了。临终前，据说他的弟子问他还有什么话要说，他回答道：此心光明，亦复何言。也许对王阳明来说，能一辈子保持内心光明，做到问心无愧，就是实现了人生的目的。

对于大多数人来说，找到自己的人生意义是需要探索的，这种探索就像西方人所说的那样，是一种“灵魂的探索”（soul searching）。奥地利精神病学家，也是纳粹集中营的幸存者维克多·弗兰克（Viktor Frankl）开发了“人生意义疗法”，帮助人们寻找人生意义。弗兰克提出，之所以有人能够从惨无人道的纳粹集中营幸存下来，是因为这些人对未来怀有强烈的憧憬，同时拥有人生的意义和目的感。

我曾经在课堂上问过不少学员，是否想过或者想清楚了自己的人生使命或意义，甚至把人生使命写下来。结果发现这样做的人还真是非常少。但很多人觉得这是一个值得思考的问题。信仰宗教的人们常常说，上天对我是有计划、有安排的，每个人自己要试图去探索出这个安排是什么。大教育家陶行知说“人生是为了一件大事而来”。每个人都要问一下自己：我的这件“大事”又是什么。李白说“天生我材必有用”，那我们自己与生俱来的才能最后要用在哪里？这些探索，只能由我们每个人自己决定是否有价值，是否需要。最终，这些问题的答案也只能由自己给出。

最近几年，我也把自己人生下一场的使命和目的写了下来，写下来的过程其实就是思考的过程。我是这样写的，也跟大家分享一下。

陈玮下一场的人生使命和目的：成为个人和组织重塑的持续探索者。

“通过教学、研究、咨询、培训、演讲、写作、助力建设创新创业生态体系等方式，赋能创新创业者的持续成长和成功，以推动中国和世界创新创业事业大发展。”

这段话其实是三段论式的：

第一段我写了自己未来的存在方式，具体会做什么；第二段写了为谁服务以及服务的直接目的和出发点；第三段写了这样做的终极目的。

如果大家觉得有价值，不妨也可以把这也当成是一项功课，试着写一下你的人生的使命是什么。

为人在世，我们需要不断成长，持续精进。我们要在身体上、认知上、情感上、社交上、精神上持续修炼自己、重塑自己。

最后我想用我曾经服务过的耐克公司的两句宣传语，与在重塑自我、不断精进中的朋友们共勉。

Just Do It——说干就干！

There is no finish line——没有终点线，永无止境！

第2节
持续精进的三种能力

什么才是人生的成功？

每个人对成功的定义，将深刻反映自身内在的价值观。因此，这种对自己人生的成功进行定义的过程，也是对自己核心价值观进行探索、理解的过程；是对自己的灵魂进行拷问的过程。

在不同的人生阶段，我对人生的成功有过不同的定义。

而我现在对人生成功的定义，是能否持续成长和上场比赛！当然上场比赛已经不是跟别人比，而是跟自己比，看自己能否持续地贡献和增加价值。如果以这样的标准来定义人生，就需要经常问自己，成长的速度是上升了还是下降了？是持续在成长还是已经停止成长了？怎样才能促进自己的持续成长？怎样才能尽可能延长自己有生产力的时间？怎样才能不断地创造价值？

对我们很多人来说，以下三种能力是否在不断精进至关重要：

突破框架的思考力

突破框架的思考力主要锻炼跨界突破的能力、创造性解决难题能力、从零到一破局的能力。

近来脑科学研究的最新进展，给了我们很大的鼓舞。

研究发现，人的神经系统一直保持着可塑性。大脑通过练习和解决问题，可以发生化学、结构和功能的变化。由此可见，人确实可以通过练习、解决挑战性的问题使自己变得更加聪明。

但现在还没有找到一个对所有人都适用的有效方法，可以使我们变得更加聪明。因此，每个人都需要通过自我探索，发现最适合自己的提升思维和认知能力的方法。

复原力和抗打击力

复原力和抗打击力变得越来越重要。它关系到我们是否能从容面对失败和挫折；是否有跌倒后迅速爬起来的能力；是否屡败屡战、越挫越勇……

复原力和抗打击力之所以越来越重要，是因为未来世界动荡加剧、加速，人遭遇失败、感到无助的可能性随之提高。而过去习以为常的保护伞可靠性下降、难以完全信赖和依靠。因此人需要更大的能量和能力来面对这些动荡、变迁、起伏和成败，以保持心理平衡和心理安全。

与自己及他人和解的能力

一个不能接纳自己并与自己和解的人总是过于纠结，消耗太多能量，因此**摆平自己是一项重要的修炼。**

同时，人也需要学会接纳他人和世界。对他人和世界可以抱怨，但最好是建设性的抱怨。与他人和世界和解才能团结更多的人，才能从他人身上不断看到优点、学到东西、获得能量。

一个人能够从周围的人和环境那儿持续学到东西、获得能量，人就能获得持续的成长！

第3节 我们为什么还是需要建立自己的“能力根据地”

中国人有很多说法很有意思：一招鲜、三板斧、六脉神剑、天龙八部等。这些讲的都是我们做事所需要的功夫、手艺、诀窍和工具。每个人需要自己决定自己要修炼哪种套路、哪门手艺！事实上，系统性地构建自己的“能力根据地”是很有帮助的。

微软CEO萨提亚·纳德拉就至少建立了三个“能力根据地”：

第一个是技术：萨提亚一开始就是技术出身，在技术方面的洞见一直相当丰富，而且随工作不断与时俱进。

第二是战略和商业：读 MBA 以及后来在微软的实战锻炼了他的商业和战略头脑。

第三是领导力：他的领导力启蒙老师也许就是板球教练。他在板球比赛中学会了要富有竞争性，同时要重视团队、还要对人有同理心。

说到专业技能的重要性，有些人因为看到很多“外行领导内行”成功的案例，就开始低估专业技能对于我们的成功的重要性。

伦敦城市大学的阿曼达·古戴尔（Amanda Goodall）通过一系列研究发现，专家领导的组织普遍来说绩效更好。这在一定程度上也支持苹果公司的人才价值观：专家领导专家。威斯康星大学的本杰明·阿兹（Benjamin Artz）研究了领导者的专业能力及其所领导的团队的状态之间的关系，他发现，领导者的专业技能是下属敬业度的最重要的晴雨表。他还发现，如果一个空降的领导的专业能力高于前任，团队士气将得到提升。

当然，光有专业技能肯定也不行。技术是萨提亚最初的“能力根据地”，但如果他未能持续不断地扩张自己的“能力根据地”，在战略和商务以及领导力和驾驭团队方面建立起新的“根据地”，他也许就无法获得如今的成就。

重要的是，我们需要有意识、有策略地不断扩展自己的知识和能力的“根据地”！

第4节
为什么我们学不好英语

与一二十年前相比，我们学习英语变得极其方便了，但为什么还有这么多人学不好英语？

很多年前你想学英语，可能要去上夜校（我就在夜校上过英语课）、要买英语课本、要买英汉双语词典、要做英语单词卡片、要买录音机练听力、要去英语角练口语、甚至要重金请人教，等等。

现在学英语简单多了：你可以在手机上下载几个学习App，上下班路上学英语；你想找个陌生人练习英语对话，可以上网约个母语是英语的外国人对谈，你喜欢什么口音的都有；你想买英文书，没关系，在亚马逊书城一分钟就完成下单，马上下载到手机；你甚至不用买纸质词典，在手机上输入中英文就能查到，省了很多查词典的时间！

我有一天早上在手机上看书，看到一个单词“evocative”，似曾相识，马上一按网上词典就出现中英文解释，不禁感叹现在学英文太容易了。既然学习条件这么好，为什么还有很多人，很多受过良好教育又真正想学好英语的人还是听不懂、开不了口，也不会读呢？

一个简单的解释就是，大家太忙，想学的东西太多，好玩的东西也太多!

那怎么办?

首先要坚定信念，学英语还是有用的!

分享万科创始人王石学说英语的一个例子。王石应该是在60 岁之后开始学说英语的。虽然他曾在哈佛大学和剑桥大学游学，但他的英文到底能学到什么程度，特别是口语，我一开始也是心存怀疑的。但有一次我跟王石一起接待纽约大学的校长，我们三个人在一个小房间里关了一整个下午。王石不用翻译人员，全程用英语谈工作，这让我刮目相看。王石 60 岁后学说英语，大大扩展了他创造价值的腾挪空间。英语让他能够更方便地参与全球环保组织的相关活动、担任跨国创业组织的导师、竞选亚洲赛艇联合会主席等。

任何时间、任何年龄，我们都有机会重塑自己，扩展自己创造价值的战略空间。有时候，学好英语也是重塑自己的一个重要手段。

内化和刻意练习还是需要下苦功!

学习条件再好，单词还是要一个个背，这就是内化的过程。句型和对话也需要刻意练习，这个功夫很难省。一个一个词、一句一句话，都需要通过刻意练习才能真正内化变成自己的，这个过程要下苦功!取巧偷懒不得!

在一件事或者在一项重要的技能上，通过刻意训练达到通晓的程度，这一过程中将收获除技能本身之外的东西。因此，学好英语其实超越了学英语本身。

要集中优势兵力搞闪电战！

虽然学任何东西都需要积小胜为大胜，但英语学习还是要时不时地来一场闪电战！集中优势兵力（这里主要指时间和心力），毕其功于一役，寻求闪电式突破。

这种沉浸式学习，体现为每分钟都在念念有词说英语、听英语、读英语，连做梦也最好在叨咕英语！

总而言之，一个受过一定教育的现代人，不学会一门外语、不通过学会一门外语领悟如何进行刻意练习、不通过学会一门外语打开一扇通往世界的门、不通过学会一门外语建立起自己可以突破任何学习难关的信念，人生似乎缺了一大块！

因此，学英语吧！通过学英语来重塑自己！

第5节 为什么冯唐认为管理者需要读一点小说和诗歌

冯唐提出管理者要读一点小说！多读一点诗！

乍一看，这个建议好像有点无厘头。现在管理者和领导者日理万机，不少人根本没太多时间读书。就算想读，也应该多读商业、管理和科技方面的书籍才是。例如，有关商业模式、战略管理、颠覆式创新、互联网金融、区块链、人工智能等方面的书籍。为什么要读小说？

冯唐认为，做企业就是做人，把人搞明白了，生意也就搞明白了！

这话听起来有道理。但另外一个问题就来了：难道读小说就可以搞明白人的问题吗？冯唐为什么这么说呢？

我觉得冯唐讲得有道理。

中国有一大批中高层管理者，都是科技和工程专业出身（中国培育了全球最大的工程师群体），很多人为了过好高考这座“独木桥”，偏科相当严重。人文、艺术类知识涉猎严重不足。大学毕业之后，玩的也大都是硬邦邦的工程和技术，对柔软内心的触摸和洞察都非常欠缺。

更加上中国企业这一路走来，不少都强调效率、速度和聚焦取胜。在这种导向下，各级管理者管理企业难免简单粗暴，只求速胜和不折不扣的执行。

此种简单粗暴的领导风格，层层传递、个个学样。因为在这样的人文环境中，能够脱颖而出身居高位的人，大多都长一个样。有些本来温柔可人的女干部，为了在这样的环境中有所作为，也不得不收起妩媚笑脸，把自己塑造成铁拳在握、怒目金刚的女强人。

这样的组织，必然阳盛阴衰、杀气腾腾。君不见，中国许多企业都是这副模样。

在这样的组织中，各种聪明能干、雄心勃勃的高级知识分子，在各级老板的“淫威”之下，每每想起自己的房贷和前途，只能忍气吞声，很少敢对上级说不。

在这样的组织氛围中，管理者过得非常不舒畅。更要命的是，很多人的主动性和创造性受到严重压抑。很多人本来有很好的想法和点子，可能对企业有巨大价值，但可惜的是，他们常常选择回家跟身边人唠叨，自吹如果自己做老板会如何如何，不愿也不会跟他们的老板去分享。

组织中的这种浪费，是人和组织潜力的浪费，是人的感情和忠诚的浪费，也是人的智慧和创造力的浪费！

从这个意义上来说，企业自上而下一起来读点唐诗宋词、经典小说，多触摸一下柔软的人心、多体会一点人性的多样和复杂、培养更多的人文气质，对组织的进化似乎非常有帮助！

最好的创新，常常来自于硬邦邦的工程科技与婀娜多姿、气象万千的艺术灵感之间的水乳交融。所以，我们期待着越来越多的企业能够培育一种阴阳平衡的气质，以打造真正的创新组织！同时为饱受简单粗暴之苦的广大知识型员工，争取多一点呼吸的空间。

所以，听冯唐的话，管理者多读一点诗歌和小说吧！

第6节
CEO 为什么不肯认错

据报道，微软前任 CEO 史蒂夫·鲍尔默日前在接受采访时提到，微软启动智能手机业务太晚，“我们必须做出决定，让硬件真正成功，我们的商业模式是错误的。我们本来可以早一点，但是我们却迟到了。”

不知道在位时的鲍尔默是否当众认过错。时过境迁，原来的一把手对当年的失误自我批评一下，难度应该比在位时小多了。当众认错并不是一件容易的事，对于身居高位的企业一把手就更是如此。因此你会发现，企业一把手在任上公开认错并不多见，除非迫不得已。

诺基亚时任 CEO 在公司大败于苹果公司时，还说过“我们是输了，但不知道到底做错了什么”。是真不知道，还是知道了不愿意当众认错？

CEO 为什么不太愿意当众认错？其实认错不一定会影响权威和形象，有时反而有积极效果。但最过不去的是 CEO 那颗骄傲的心，那是人的自尊！

自尊是柄双刃剑，我们需要一定的自尊来保持心理的平衡，觉得自己有两下子；遇到有人或有事情挑战我们的自尊时，我们常常会奋起捍卫，以保持自己的心理平衡。

就好比一个屡战屡败的人，如果不能为自己找到一点借口，不能为自己的失败寻求一些心理安慰和防卫，自信和自尊就会受到打击。有些人甚至会被完全摧毁，一蹶不振，就像一只漏了气的皮球，再也拍不起来！这就是为什么古代有些将领打败仗的时候，常常会说一句“天亡我也”，把一切都推到老天头上，心理上多少能找到一些安慰。

因此，遇到这种情况，周围的人需要展现出一点同理心，接纳当事人的解释，并安慰他以保护他的自信和自尊。要知道，即使对最出色的领导者，惨败或屡战屡败这一关也是很难过的。连曾国藩这些人，好几次战败之后都要当众跳河跳江，可见失败会给我们带来多大的痛苦。

当然，冷静下来之后，有些 CEO 或高级领导者，也会反求诸己，从自己身上找原因，并公开地分享自己的反思。当然，多大程度上愿意公开自己全部的反思，并且当众解剖自己，即使鲜血淋漓也无惧，这取决于个人内心的成熟度，即所谓的自尊成熟度（ego maturity）。

自尊成熟的领导者，能够把所犯错误与自己区分开来。失误归失误，谁没有一点失误？不会因为有失误，就认定自己能力不行。这种成熟度，可以帮助自己从所犯的错误中脱离出来，心平气和、尽量客观地看待事件、过程和自己。而不被自己的自尊所绑架，为争面子而为自己辩护，做到该认错时就认错，展现出谦卑领导力！

这种谦卑领导力的一个特征是，领导人能够实事求是，错了就是错了，把公开认错当成是推动自己和整个组织学习与进化的重要机会。拥有谦卑的领导人敢于示弱、勇于自嘲；他们通常身段柔软，容易接近；大家会觉得我们的老板其实也跟我们一样，也会犯错。这样的领导者，更容易塑造富有心理安全感的组织文化。大家在这样的组织中感觉自在，不会刻意掩饰自己的失误，也不会刻意掩饰自己的能力缺陷。组织也因此获得了大量复盘和检讨的机会。

这种组织的学习速度和进化速度更快，自我纠偏能力也更强，因此更能适应环境变化，更能在未来生存下来！

相比他的前任，现任微软 CEO 萨提亚似乎更具备谦卑领导力的素质。在一次公开活动中，主持人问萨提亚如何看待女性员工薪酬被压低的情况。萨提亚几乎不假思索地回答说，短期也许会吃亏，但长期来看，体系会自我纠偏，男女之间的薪酬差异会得到扭转。

这一回答当然受到女性员工的抨击。这种说法不仅“政治不正确”，而且也是对女性的职业处境缺乏同理心的表现。事后，当萨提亚意识到这个问题时，马上给微软的全体员工发了邮件，对全员承认自己的回答是完全错误的。

在几天后的全员大会上，他又一次公开道歉，毫不掩饰。

萨提亚的公开认错，展现了他的谦卑领导力。换成是别人，比如说萨提亚的前任，不一定会做这样的公开道歉。但萨提亚公开认错这件事，让大家知道，领导者公开示弱没有什么大不了的。失误、犯错其实是人生的一部分，是成长的一部分。如果领导人能够以身作则，公开示弱，带头展现谦卑领导力，这个组织就会成为安全感十足的学习型组织！

第7节
领导者如何突破职业天花板

“不想当将军的士兵不是好士兵。”拿破仑的这句名言激发了多少人的野心和斗志，但同时又创造了多少焦虑和失望。当组织越来越扁平化的时候，“将军”的位置越来越少了，“升官”的机会也越来越少了！怎么办？

未来的世界，更重要的可能不是持续升职，而是持续成长。

因为这个世界缺的主要是堪担大任的人，缺的是各行各业真正的高手，而不缺大得吓人的头衔。因此，从长远来说，只要有真材实料，就不怕没有舞台！

当然成长也是有天花板的，它比职业天花板更可怕！

世界上有的是不胜任自己工作的人。但没有太多人会承认自己不胜任。他们中有的人是出于自尊，怕承认了不胜任会挑战自尊和自信；有的人是自我认知有问题，对自己是否胜任、为何不胜任处于无意识状态；有的人是因为行为惯性太大，承认了、意识到了，但难以改变。

人如何才能不断成长，不断突破职业天花板呢？

美国管理学者拉姆·查兰多年前提出了“领导梯队”模型。这一模型以领导者责任升级作为线索，勾画了领导者成长进化的过程，可能会对我们突破成长瓶颈、突破职业天花板有所启发。

拉姆·查兰提出，一个人从个人贡献者开始，成为一家（大型）企业的一把手，通常要经历以下六道坎：

1. 从管自己到管别人；
2. 从管别人到管经理人；
3. 从管经理人到成为部门领导人；
4. 从部门领导人到成为一条业务线的领导人；
5. 从一条业务线的领导人到成为业务群的领导人；
6. 从业务群的领导人到成为整个公司的领导人。

拉姆·查兰认为，领导者每跨越一道坎，责任场景都会发生很大的变化，他们需要闯过一道道关、一道道坎。每一道关要过好，都需要在以下三个方面发生改变：

第一，如何更具战略性地分配自己的时间；
第二，如何及时调整做事的价值取向以及优先顺序；
第三，如何建设新能力、放下旧能力。

这三个改变意味着：领导者随着责任的升级，需要以新的视角来看待事情的重要性；需要放下很多自己原来享受的事情、擅长的事情，以及原先喜欢打交道的人，重新分配自己的时间和优先任务；还需要打破路径依赖，以新的方法和新的能力跟新的人群打交道，并且在新的领域做新的“应该做的事情”。

当然，这一切并不容易。

领导者要面临自我认知问题，能清醒地意识到自己在哪些领域需要调整已不容易，调整起来就更难了，因为人的路径依赖很难打破。

一些领导者常常执着于已经拥有的旧能力和老习惯，总喜欢跟自己觉得舒服的人在一起，很难以归零心态去获得新的能力和新的价值观，并且做出新的行为。

举个例子来说：一个运营方面的高手，如果在新的事业部领导的岗位上仍然只对卓越运营孜孜以求，而忽略了内外兼修，不愿意对内强化卓越运营，对外探索新的商业模式和战略转型；对内着力提升团队能力，对外兼顾关注市场、客户、合作伙伴、投资人和竞争对手，就很快会进入不胜任状态。

现在，让我们借用小张的例子来诠释企业领导人成长的六道坎吧。

第一道坎：从管自己到管别人

销售明星小张被擢升为区域销售经理，领导一个拥有 12 个销售人员的团队。刚开始，他还觉得挺兴奋，经过 3 年的勤奋工作，他的销售业绩终于得到了公司的肯定。晋升为区域销售经理给他带来了权力、地位和更高的收入。但没过几周，他开始感到有点烦了。他原来喜欢整天与客户泡在一起，而客户也喜欢他。现在可好，他的销售代表轮番来找他，跟他抱怨产品的价格、客户的好坏、销售资源和政策的缺陷等。他需要花费很多时间来应付销售代表，协调销售代表与公司其他部门的关系。他还需要花更多的时间制订计划。而这些本来都不是他喜欢做的事情。他开始变得有点沮丧，开始质疑自己为什么要接受这样一个自己不喜欢的职位。当然，他心中很清楚，自己其实也没有什么选择，不接受升职，未来怎么办？女友和家人那里又如何交代？

从管自己到管他人，是任何一个管理者职业生涯必经的第一道坎。

对小张来说，这意味着不能只关注自己的绩效、自己的成功，而要开始想着别人，想着别人和团队的感受和成功。同时，他要拿出一部分时间去辅导下属，帮助下属达成目标。他还要学会给下属反馈、进行绩效辅导等。

第二道坎：从管别人到管经理人

正当我们为小张担心时，他很聪明，很快就找到了一个“师傅”。他的转型很顺利，不到两年，小张再次得到提升，成为华北大区销售经理，手下有四个区域销售经理向他汇报工作。

于是，上任伊始，他再次去请教自己的“师傅”，询问自己需要如何改变，才能胜任这一新岗位。“师傅”引导他说，从管别人到管经理人，最重要的事情是：要花工夫去选拔并辅导管理者。下面的销售经理选对了，工作就算做好了一半。同时，要学会管一层、看一层，也就是说，与直接下属密切交往，但也观察并跟进下属的下属。

同时，他需要考虑整个华北区的策略，以及整个华北区的组织体系、未来人员发展等问题。可以理解，他做的事情更加具有战略性了。

第三道坎：从管经理人到成为部门领导人

小张得到“师傅”真传，在“战争”中学习“战争”，逐渐悟出管理真谛，在三年之内将华北大区打造成业绩最优秀的大区，被公司再次提拔，成为全国的销售总监，直接向手机业务线的总裁汇报。这一任命究竟对他意味着什么呢？他又需要做些什么改变呢？

小张的“师傅”提醒说，小张这次晋升，使他进入高层，除了做好业务工作之外，还需要培养新的能力——例如如何与其他领域的领导者，如营销、生产和物流等部门的负责人沟通协调，同时更好地依靠财务、人力部门领导的力量办好事。同时，他还需要与同僚竞争，争夺老板的时间、注意力以及其他资源。

这也是小张第一次直接向事业部 CEO 汇报，要开始学习如何与一把手互动，同时学会欣赏财务、人力部门这些幕僚。

因此，小张除了思考如何在销售领域的战略布局、组织上排兵布阵，辅导重要区域一把手以外，还要花时间打通高层关系，减少阻力、增加盟友，以迅速推进销售策略的实施。

第四道坎：从部门领导人到成为一条业务线的领导人

后来，小张在销售总监的位置上干得风生水起，被提拔为事业部副总裁。

几年后，事业部 CEO 被提拔，推荐小张接替他。虽说小张过去一路走来业绩很好，但这次他心里真的没底。他从来没有做过一条业务线的领导人，不会设计商业模式、不会规划全盘生意的战略，也从来没有领导过供应链管理。再说，他还要领导那些原来都是平级的事业部副总裁们，挑战可想而知！

好在小张的“师傅”自己也是一个老道的 CEO，他理解小张这种“高处不胜寒”的感觉。他建议小张，先从领导团队开始抓起，集中解决领导班子的几个问题，然后用领导班子作为一个发力的平台，重新思考商业模式、竞争战略和产品等。

在接下来的几个月中，小张裁掉了两个绩效不太好又不太愿意合作的领导班子成员，重组了领导团队。新的领导团队成了重新思考商业模式、竞争战略的最佳平台。在这样的思考和讨论中，小张让每一位高管都发表观点和主张（这在前任在任的时候没有发生过），并充分发挥自己熟悉市场和客户的优势，对商业模式和战略的调整提供了重要的洞见。这个过程，让小张作为新的事业部 CEO 得分不少！

小张还专门安排了学习计划，拜了财务部门领导、供应链部门领导和首席产品官为师，系统学习财务管理、产品研发和供应链管理方面的知识。他也慢慢体会和感悟到，他的注意力，需要从关注单一领域进化到关注系统性整合。这意味着，他的思维、注意力和时间分配，需要内外兼顾、长短结合。他需要同时关注到客户、供应商、政府监管部门、竞争者等外部利益相关者；又要关注集团总部、自己的领导班子、干部质量、员工士气、组织体系等。他既要思考明天和后天的事情，同时又要聚焦今天，把今天的日子过好。

挑战可以说极大，但这位少帅已开始享受起独自掌控一门生意所带来的刺激和兴奋感了！

第五道坎：从一条业务线的领导人到成为业务群的领导人

如果你认为管得好一条业务线，就一定能够管好两条或多条业务线，那就大错特错了。

一个集团的高级副总裁，分管多项业务，到底要管什么？到底要怎么管？

当小张来到这个层级的时候，他的“师傅”对他说可能已经帮不了他太多忙了。这确实让小张产生了很多困惑和焦虑。想起他担任事业部 CEO 的那几年，他的老板（集团高级副总裁）好像也没做什么，至少对他的帮助不大。他到底要做什么、怎么做，才能真正发挥作用和价值呢？

带着这个问题，他请教了集团董事长兼 CEO 张董。张董一路走来非常欣赏小张，这次小张再次被晋升，就是张董钦点的。

张董提出，分管几条业务线的集团高级副总裁，主要应该做好三件事：一是选将，就是选好事业部的 CEO，其重要性不用解释，当然选好之后还有一个长期辅导的问题；二是协助集团分配好资源，每个事业部就像是一个战场，要在每个战场投入多少兵力和资源才能获得全局的胜利，这是一个大问题；三是提供持续的战略机会与风险监控，在集团的每一条“赛道”上，机会可能稍纵即逝，失败也可能瞬间到来。因此，分管几条业务线的集团高级副总裁就需要从行业、战略、运营、监管、PR 等角度判断机会和风险，做到高度敏感、提供洞见、提前预警。

张董继续说，要做好这些工作，提供上述价值，不仅自己需要眼观六路、耳听八方、见微知著、洞察秋毫；还要充分发挥幕僚团队的价值，使自己能够持续登高望远。

张董接着说，这一调整，对你的宏观大局思维提出了更高的要求，对你发挥战略领导力也提出了更高的要求。你现在需要学会享受把金牌发给别人，而不是自己打赢比赛上台领奖的快感了。

张董的话如醍醐灌顶，小张知道他又找到了新的“师傅”了！

第六道坎：从业务群的领导人到成为整个公司的领导人

成为整个公司的CEO是很多人梦寐以求的事情，但整个企业的一把手也是最“高处不胜寒”的位置了。

企业的CEO通常需要承担5项重大责任：确保今天的利润或生存；确保明天的生存和利润；平衡各类利益相关者的利益；将恰当的人放在恰当的重要岗位上；对外代表公司。这些责任每项都不简单。

CEO的位置是退无可退的位置。董事会通常只能提提建议、举举手，商业模式的确定、战略路径的取舍、核心资源的分配、关键少数人的去留这些胜负手的决策，到最后还得由一把手独自来拍板并担当。因此，CEO需要建设好一个卓越的领导团队，发挥集体智慧共度时艰。

但建设领导团队挑战巨大。很多CEO虽然治得了天下、但治不了左右。高层团队成员个个都是武林高手，武功高强、个性迥异、自成一格。要把这样一个团伙打造成一支真正志同道合、使命驱动、心心相印的队伍，简直难于上青天。

由此可见，CEO不仅需要认知上聪明绝顶、人际关系方面游刃有余、意志上坚韧不拔，更需要拥有快速学习、持续进化的能力。因此，可以说没有几位CEO能完全胜任自己的岗位。

快速学习、持续进化也许就是CEO最关键的单一素质了！

拉姆·查兰的“领导梯队”模型为领导者的持续成长提

供了很好的理论框架。不管你现在处于哪一个层级，都有可能从“六道坎”的理论中得到启发。

第 8 节 人为什么喜欢听好话而不喜欢被人批评

中国文化源远流长，有很多成语透露出深刻的道理！

比如“见贤思齐”“闻过则喜”“从谏如流”“反求诸己”几个成语，就是提醒我们如何学习进步的！

“见贤思齐”的字面意思很简单，看到别人好的就想学，希望跟别人一样。

但问题是，能不能见贤，取决于自己。

骄傲的人，看不得别人的好：“这有什么呀，比我差远了！”

三观不正的人，反而嘲笑别人的好：“这个人，自己都没搞定，还去帮别人！”

不求上进的人，总是强调别人比自己拥有特殊资源，为自己不学习找理由：“她家里有钱，从小送她参加很多补习班，难怪她这么多才多艺！”

生活中我们其实有很多见贤思齐的机会，但我们的有些态度和价值观，却让我们视而不见、听而不闻！

“闻过则喜”比“见贤思齐”难多了！

闻过则喜，听到别人批评自己的话，就会很高兴，因为这是我们进步的机会；“从谏如流”意思差不多，指的是对批评意见能够欣然接受。

人为什么这么喜欢听好话，听表扬赞美的话；为什么这么讨厌别人的批评意见？

能够对别人的批评欣然接受，这个太难了！连孔夫子都说“六十而耳顺”。连孔夫子都要修炼到六十岁，才能达到听到批评不动心的境界，何况你我！

但听到别人的批评意见，虽情感上难以接受，理智上却对自己说：良药苦口、忠言逆耳，这都是为我好！这也许已经很好了！

“反求诸己”可能更难做到！反求诸己就是在挫折和失败时从自己身上找原因。

遇到挫折与失败，你不找一些客观理由？你不从别人身上找找原因？你能够首先审视自己，寻找自己身上的毛病？

人如果养成习惯，事情做砸了首先找客观原因，复盘时也专挑别人的责任，那就永远无法进步、无法从失败和挫折中学到东西！

那人为什么会专拣好话听，听到批评就抵触和反感，遭遇挫折和失败就找客观原因而推卸自己的责任？

一个直接的原因就是人的自尊。我们需要一定的自尊感来使自己感觉良好；需要一定的自尊感保持自己的信心和心理平衡；我们有一种防卫机制自动帮助我们捍卫自尊和自信。

这种自尊让我们保持心理安全感，当这种心理安全感受到挑战时，我们就会奋起自卫。因此我们很难示弱、很难听取批评意见，我们也选择性地吸收那些使我们自己感到强大的信息。

渐渐地，我们失去了很多成长的机会。

第 9 节
领导者如何持续学习、终身成长

现在很多人有学习和成长的焦虑。我们担心被时代淘汰、被更年轻的人超越。因此我们每天收听或收看喜马拉雅、混沌大学、樊登读书会、得到等平台推出的音视频节目。我们的每个周末不是加班就是上课或者听讲座。我们还买了不少关于“如何学习”的书。这种随处可见的“学习焦虑”，使得中国管理者成了全世界最爱学习的管理者。

但如何学习，如何更有效地学习，并没有一套方法、一种理论可以包打天下。事实上，我们需要借助现有的理论和研究，自己琢磨出适合自己的方法和套路来。我想分享三个理论框架，希望有助于我们的自我探索。

1. 成长思维

美国心理学家、斯坦福大学教授、首届“一丹教育研究奖”获得者卡罗尔·德韦克提出了**成长思维：失败不可怕，我们不会永远都是这样，我们是可以改变的，包括我们的聪明程度**。

德韦克教授指出，智力是可以不断开发的而非停滞不前的；拥有成长思维的人拥抱而不是回避挑战，在挫折和失败面前百折不挠，相信没有一种失败是致命的。同时他们欢迎反馈而不是排斥它，并从批评中学习。

人在挫折和失败面前觉得沮丧失落，甚至怀疑自己的能力，问自己是否真是这块料，这种现象是常有的；人生活在人群中，总会遇到某方面比自己强的人，有人因此认为永远没法超越、再努力也无用，这种现象也是常有的。

但是**成长思维让我们颠覆自己的这些想法，最重要的是培养一种自己可以改变、提升和进化的决心和信心，甚至是一种信念**。

由此可见，成长思维对于我们的学习成长、认知升级是至关重要的。

在一定程度上，成长思维帮助我们打破了枷锁，逃出了自我设限的牢笼，让我们的心灵得到了自由。我们需要习得这种信心，我们可以改变我们自己，我们可以持续地改善自己、升华自己、重塑自己！

作为管理者和领导者，我们也要相信，我们的战略思维能力、决策能力、我们鼓舞和激励下属的能力，都是有机会持续提升的。

2. 刻意练习

刻意练习，是有指导、有原则、有方法论的练习。重复做一件事情不一定能够使人精进，真正使人精进的是刻意练习。

举个简单的例子：如果你希望提升游泳、高尔夫、摄影、书法、小提琴等的技能水平，光是多花时间练习效果并不一定好。很多人花了大量时间，经历了很多年，水平还是原地踏步。熟能生巧的事情不一定会发生，低水平重复司空见惯。

最有效的方法，是通过刻意练习：有计划、有目标、有高手点拨、能够得到反馈和指导的练习。

例如你要提升游泳技能，苦练游泳效果不一定很好。你需要有人给你反馈，什么动作需要改变，怎样改变。然后就照着新的动作要领，反复练习，逐步精进。只有这样，你的游泳技能才能真正提升。

刻意练习不只对涉及身体与动作的技能提升有用，对创造力、领导力等广泛能力都适用。

如果你想提高创造力或想象力，该如何做呢？

有个设计师提出了一个方法，很有意思：坚持每天花 10 分钟，在任意一个房间里，找 7 件东西，然后想办法把它们做成一个雕塑，慢慢地，这每天 10 分钟就变成了刻意练习。

刻意练习的适用范围很广，运动水平的提升需要很多刻意练习，这比较好理解；**管理水平的提升也需要刻意练习。事实上，中国企业的各级管理者和领导者，在管理和领导技能方面得到的系统性训练和刻意练习并不多，这恰恰就是中国企业持续进化的一个重大障碍**。

在管理和领导技能领域，需要刻意练习的地方很多。例如一个高管如何在记者招待会上发布消息，并回答记者的提问；如何给一个绩效持续不能达标的下属提供反馈，或者进行一次解雇谈话；再比如如何主持一个项目复盘会、如何召集一次全球电话会等，都可以通过刻意练习有效提升。

3. 变通学习风格

每个人学习的风格都是不同的。心理学家大卫·库伯提出了有关学习风格的理论。根据库伯的理论，**每个人学习和处理信息的方式和偏好都不一样**。

有的人喜欢体验，一定要体验过才能学到东西，产生新知；有的人喜欢观察与思考，在观察别人的过程中思考，然后悟到新知；有的人喜欢钻研，在钻研和深度思考中学习；有的人则是非要实践一把才能学到东西。

然而挑战在于，很多人都有自己独特的学习风格，而这些学习风格往往限制了自己的认知扩张和升级。让我们先来了解一下库伯的学习风格的四种分类吧：

第一种学习风格是“行动型”。

“行动型”学习者偏好的是体验和实践，其特点是行动果断、说干就干，喜欢依靠直觉、摸着石头过河。

优点是快和果断，追求学习的速度、马上投入应用，立竿见影。但缺点可能是深度思考不够，大量经验没有得到深度加工，因此大量的学习可能只停留在战术层面，很难举一反三、触类旁通，也很难升级到系统性、全局性的水平。

第二种学习风格为“思考型”。

“思考型”学习者偏好的是观察、思考与抽象化。他们常常喜欢三思而后行，谋定而后动，深入探究事物背后的原因是什么、机理是什么、有什么理论模型作为依据等。

这种学习风格的优点是能深度思考，而且有可能通过学习和思辨来提供系统的理论支持。但这种学习风格的一个缺点就是速度太慢，做什么事情都要“搜尽奇峰打草稿”，基本无法快速迭代更新知识；同时又缺少了快速的行动与实践，因此思考型风格所产生的新知常常成为空中楼阁，与现实相去甚远。

第三种学习风格为“发散型”。

拥有发散型思维和学习特征的人，偏好探索各种多样化的可能性。他们往往依靠直觉，对人际敏感，点子非常多，常常寻找其他观点或可能性。

这种学习风格的特点是富有创意、灵动、思维发散，但也很容易因为过度发散、无法聚焦而难以实质性地解决问题、推动执行。

第四种学习风格为“聚焦型”。

拥有聚焦型学习风格的人，偏好解决问题，带着问题去收集信息，收集信息也是为了解决问题。他们非常享受解题的过程，行动也比较迅速。

聚焦型学习者享受解决问题的过程，体现出较强的目标导向性和执行力。但往往因为过于聚焦，而缺乏发散性的扫描，因此可能过早过快地陷入问题解决的过程中，缺乏更大范围的想象力和创造性，因而限制了学习和认知的升级。

以上四种特征在每个人身上多少都有，但很多人都拥有一种主导性的学习风格，这成了自己的优势，但同时又成了自己的弱势。

这四种学习风格就像是一个循环，跟中国人提到的“博学、审问、慎思、明辨、笃行”意思十分接近，最好的学习也许就是能够走完这个循环的学习。通过**不断体验、持续观察、深度思考、积极实践**，从实践到理论，再从理论到实践，循环往复、知行合一，以形成更高境界的概念和思想，从而获得认知的升级。

因此，一个管理者和领导者，需要经常性地跨出自己的“学习风格舒适区”，利用复合的学习风格来促进学习。

行动型学习风格的领导者，除了发挥自己学以致用、直觉思维的优势之外，还可以针对某些重要议题，进行深入思考和聚焦式学习。也就是针对自己所选定的问题，长时间收集信息、深度思考、反复探寻、沉浸学习，试图找到事物的本质，发现内在规律，形成自己的理论框架；发散型学习风格的领导者，也可以从中得到启发：除了发挥自己的创意、好奇、直觉思维等优势外，也同样需要时不时地运用深入思考式和聚焦式的学习，打深、打透一些领域，以找到事物的本质。

相反，思考型学习风格的领导者，除了继续发挥自己的深度思考、建立模型的优势之外，不妨适当降低对理论完美性的要求，强化自己的快速转化能力，通过学以致用、学用结合、迭代更新，达到更高境界的知行合一。

不同学习风格的领导者，通过频繁互动、相互模仿，可以互相刺激，跳出自己风格进行学习。这种思维多样性的组合，也有利于团队集体智慧的发挥，有利于团队集体的认知升级。

大卫·库伯说，你如何学习定义了你如何生活。让我们重新定义我们的学习、重新定义我们的生活吧！

第 8 章

你需要怎样来领导

第1节
最好的老板会给你怎样的感受

你过去最好的老板是谁？他或她给了你什么样的感受？

你如果问1000个人，可能会得到1000种答案。

正如莎士比亚所说，一千个人眼中就有一千个哈姆雷特。

有人说最好的老板是严厉但公平的，因为这种老板挑战了我们的边界，让我们可以实现原来难以想象的成就！

有人说最好的老板爱兵如子，体贴关怀，无微不至。这种老板让我们感到职场有温暖，人间有真情。在这样的老板领导下，我们不用扬鞭自奋蹄！

有人说最好的老板能够带着大家“打土豪、分田地”，跟着老板有肉吃。屡战屡胜，因此自然愿意跟着老板打天下。

有人说最好的老板会循循善诱，成为我的良师益友，促进我的极速成长。

你还可以写出无数个这样的答案。

本质上，老板好不好都是我们自己定义的！我们说他好就好，不好也好！只要他满足了我们个人对老板的诉求和期望。当然，我们说他不好就不好，好也不好！只要他无法满足我们个性化的需要。

当我们试图去回想过去的老板时，我们好像已经不太记得他们都说过些什么了；我们也忘记了很多他们做过的事情，但我们却清楚地记得他们曾经给我们带来过的感受。

我曾经有一个同事，多年后还对我完全不顾她的感受，硬生生把她从休假中强行召回、参与重要项目的事情耿耿于怀，这种负面感受让她终生难忘。我曾对不讲道理的老板怒摔电话，因为面对他们的“淫威”实在忍无可忍了。现在忘记了当时为了什么事而发生争执，但那一刻我的愤怒却永远地留在了我的记忆中。

当然，我也曾经很多次因为老板而产生美好的体验和感受。比如，一次我的工作做得不太好，但我的老板并没有责怪我，而是鼓励我，并且跟我一起探讨问题出在哪里，如何改进；还有一位老板，他始终让我感到我可以搞定一切，好像我就是世界上最好的领导者一样。他对我的这种信心，也让我始终斗志昂扬，不用扬鞭自奋蹄。

所以，每一位管理者和领导者，都需要时时问自己，在每次互动中，我让同事们产生了怎样的体验：是积极的体验，比如让他们对自己更有信心，或者看到了自己的缺点但决心改进、对某件原来不感兴趣的任务产生了使命感等；还是消极的体验，比如觉得自己无能无助、没有信心、极度焦虑、缺乏尊严、没有希望等。

领导者给人带来的积极体验，就是赋能（empower）他人的过程。赋能这个词的意思，就是把力量放在他人心里。我们通过为我们的下属带来这种积极体验，提升了他们的信心、激发了他们的勇气、丰富了他们的想象力、促进了他们的成长，也鼓舞了他们去探索更广大的未知世界。

这就是一个领导者的使命！

第2节 中国企业领导人的致命伤是什么

娃哈哈创始人宗庆后的女儿，在某届世界浙商大会上抱怨老爸太严厉了，不好相处。相信宗庆后确实是一个严厉的老板，对宝贝女儿尚且如此，对其他干部就更不用说了。

强势的中国企业一把手不比比经皆是吗？

任正非不强势吗？

马明哲不强势吗？

王健林不强势吗？

董明珠不强势吗？

刘强东不强势吗？

宗庆后不强势吗？

强势的中国企业领导者数不胜数！强势不对吗？不好吗？这些强势的企业领导者不都获得了巨大的成功吗？

是的，也许就是因为他们的强势，再加上他们超过常人的聪明，以及难以想象的勤奋，这些企业领导者和他们所领导的企业获得了巨大的成功。

强势有什么好处？强势的好处很多：强势聚集能量、强势提高速度、强势增进共识、强势推动执行！中国企业在过去 40 年的奋斗中，能量、速度、共识、执行是成功的关键！

但这些要素，还能使我们在未来 40 年继续赢下去吗？

事实上，“成也萧何，败也萧何”。成功的中国企业领导者的强势基因，变成了很多中国企业的组织基因。而这种强势的组织基因，很大程度上僵化了组织的文化、强化了等级森严的氛围、抑制了组织的敏捷和创新，也制约了个人和组织潜力的充分发挥！

最近看到一本书的片段，非常形象有趣。在《创变》一书中，作者讲到了外企“打工皇帝”高群耀加入王健林的万达后的一些事情。故事是这样的：

“万达人力负责人特意把高群耀领到会议室，说专门给他做了一个 PPT——万达生存指南，攻略全是细节。

“对王健林要称董事长，副总裁以上级别的都称某某总裁，别称兄道弟的；‘领导未进，已先进；领导未出，已先出’，这是电梯不合规做派；有幸与董事长同乘电梯，不能背对着他，一定要面朝他；在电梯处遇到董事长，或者比你头衔高的领导，要屈身跑过去先按电梯，董事长是不能按电梯的……

“人力负责人足足花了一个多小时讲完了 PPT，高群耀庆幸仔细看了，没有这个指南，连开会什么叫迟到都不知道。

“一场 8 点半的例会，8 点 31 分到不是通常意义上的迟到，比老板晚到就叫迟到。每个召集会议的老板到场习惯还不同，有提前 5 分钟的，有提前 10 分钟的。为了不出错，开会最好提前 15 分钟到确保万无一失。最悲惨的事就是你自认为准时到场，但是老板比你早到了。”

这么生动、具体、形象地描述中国企业内部等级之森严的文章，可真令人大开眼界啊！

试想，这样的基因，怎会不代代相传，塑造组织长期的工作氛围呢？

试想，在这样的环境中过日子，即使是高管，怕有很多话到嘴边也会咽回去吧！新想法、新点子怎能随便冒头呢？

试想，在这样的企业中，连高管都那么战战兢兢，缺乏心理安全感，何况一般员工。这哪是充分释放个性和创造力的地方啊？

过去企业的成功主要靠效率和执行力，因此有个聪明但凶猛的老板，就可以在很大程度上确保攻城略地的速度和效率。

但是，如果大家相信未来取胜需要更多的创新和创造，传统的简单粗暴的领导风格就需要修正了。未来敏捷和创新的组织，更需要对基层组织和个人的赋能，充分发挥员工的主观能动性和创造性，而不能一如既往地靠森严等级、长官意志、极致执行、一言堂来取胜。

因此未来相当长的时间内，中国不少成功的大企业需要改变一点气质，做到刚中有柔、阴阳和谐；从领导一人的“独乐乐”，逐渐做到大家的“众乐乐”：发动大家都参与，形成集思广益、群策群力的文化，以充分释放集体智慧和创造力。

由此还想到，全球最具创造力的企业，像谷歌之流，为什么要在企业文化中强调“非正式”，就是希望员工在非正式的氛围中放下防卫心理、放下面具、降低大胆讲话的心理压力，以刺激更多的创新和创造，从而更大限度地发挥人的主动性和创造性！

如果我们确实相信，未来不只是靠效率和执行力就能取胜，更多要靠创意、创新、创造取胜，那我们从现在开始，就需要系统性地改造组织基因，使其变得更加柔软、灵动、刚柔并济、阴阳和谐，使得文化氛围变得更加多元、同理和包容。

这很难，但不这样做，不知还有什么其他选择？

第 3 节 为什么管理者要关心下属是否睡得好

为什么关心员工睡眠这件事这么重要？

睡眠不好，会影响我们的判断和决策，也会降低我们的生产力和创造性。同时，睡眠不好的人，还会对团队合作产生负面影响。当然，最重要的是，睡眠不好对员工的身心健康影响很大。

因此，睡眠不好这个几乎是全民性的问题，就需要得到组织的关注和管理者的关注。睡眠问题已经超出了个人生活的范畴。它不仅影响员工健康，也影响员工绩效、团队绩效和组织绩效。

但问题来了，怎么关心？

首先管理者对员工的失眠问题要敏感！

有些管理者常常认为下属的睡眠问题是个人问题，因而非常缺乏敏感性。在意识上开始重视员工的睡眠质量问题是第一步。

其次要学会在不经意间了解下属的睡眠质量问题，比如团队在一起时可以互相分享睡眠时间和习惯等，并判断压力源。

当发现有员工有较为严重的睡眠问题时，需要表示关心。这也是了解你的员工目前压力承受情况以及整体生活和工作状态的好机会。

很多员工的压力都是管理者造成的。虽然存在巨大的个体差异，但上级给我们的压力往往是最大的。员工自己的好胜心强也可能是重要原因，有些员工追求完美，但也快把自己压垮了！

团队其他成员也会给我们带来压力。有些管理者喜欢创造内部高度竞争的环境，让员工互相之间你追我赶，创造出很大的压力和能量。要知道这种内部竞争是柄双刃剑，我们很难真正做到让每个团队成员都进行良性竞争。

有管理者要问，那是否不能给下属和团队压力呢？绝对不是，压力还是要给的。

那多大的压力最恰当呢？如果 100 分的压力让人受不了的话，75 到 80 分的压力可能是下属的创造性张力区，也就是最能产生理想绩效的区间。我们需要压力来产生高绩效，但压力过大绩效水平反而会下降。太过紧张或紧张不起来的运动员，都得不到奥运会金牌，就是这个道理。

在尽量表达关心并尽力创造一个高绩效但非极端压力的环境的同时，管理者还需要理解睡眠问题的复杂性、人的心理健康问题的复杂性。

因此，管理者需要知道，我们能做的大概只有几点：

尽量创造一个有利于员工身心健康的环境；

当员工出现严重的睡眠问题时，我们需要表达关心，并帮助员工调节与适应；

必要的时候，我们要鼓励并提醒员工寻求专业帮助。

睡眠是我们人生和事业的大问题，组织需要关心，管理者也需要关心！

一个真正健康的组织，是员工都能睡得好，但同时又能产生高绩效的组织！

第4节
作为领导者，你能像马云一样“站得高、看得远”吗

作为领导，我们需要“站得高、看得远”！好的领导的头脑就像一部强大的雷达，扫描半径大、扫描速度快、扫描准确度高！

站得高好像容易理解，就是看全局而不只是看局部，看战略而不只是看战术，看中期和长期而不是只看短期，看事物之间的相互关系而不只是看孤立事件。

看得远似乎也好理解，就是看问题、想问题的时间跨度要长，不能只关注眼皮底下的事情。有的人满脑子就是今天、明天的事情，觉得要撑过今天就不容易，有的人的思维最多只能延展到下一周或下个月。

而马云却能够大大拉长思考的时间跨度，他常说自己喜欢想未来的事情，想10年之后的事情！当没人看好云业务的时候，马云就判断云服务大有未来，并且果断押宝下注，使得阿里云至少领先国内同行一段距离，也给国际巨头造成了压力！

莫非名字中有个云字的马云，注定要在全球云服务领域大闹一场?！亚马逊的贝佐斯也是长程思考者！他说日常的事情已经交给别人，自己只参与几个大的决策，大部分时间都交给

了未来。看看亚马逊的历史就知道，贝佐斯的长程战略思考和定力是多么厉害！

埃隆·马斯克也是一个长程思考者！他看到了地球的未来！

看来既仰望星空又脚踏实地，既登高望远又关注当下很不容易啊！

因此，我们不妨经常问问自己，到底花了多少时间在回顾过去、活在当下、面向未来上。

第5节 从交响乐指挥家身上学习领导力

《指挥大师的领导课》一书的作者伊泰·塔尔格玛本人就是以色列一位非常著名的指挥家。

也许你纳闷，指挥家到底是干什么的。他们并不弹奏一种乐器，手里拿着一根细细的指挥棒，双手上下左右挥动，身体摇来晃去，有时像跳舞一样。表情时而深不可测，时而自得意满，时而欣喜若狂，偶尔又露出一丝狰狞。

他们在做什么呢？他们到底增加了什么价值？他们又是怎样领导的？

伊泰·塔尔格玛提出了几个重要的概念：无知、差距和基调倾听。在一定程度上，这三点可以说是新时代领导力的特征。

第一点是无知，特别是选择刻意无知，打破路径依赖，让自己跳出原有的框框。它反映了领导者自身探索新的空间的意愿。身居高位的成功人士多少都有点自恋。他们过去的成功历史和经验，常常导致路径依赖，阻碍他们继续前行。你见过多少领导者真正谦卑，能够当众示弱，能够说“我不懂”“我错了”？或者听到逆耳忠言，特别是自己觉得自己做得最好的地方受到挑战时，还能够闻过则喜，反求诸己？

如果能够选择刻意无知，就是选择了乔布斯所说的“求知若渴，虚心若愚”的人生态度，这其实就是一种“空杯心态”。

第二点是差距，就是在万事万物中看到潜力的能力。世界是充满差距的，比如理想与现实的差距、目标与结果的差距等。差距意味着潜力和可能性，常常是创新的源泉。因此，当我们在现实中发现差距的时候，我们就可以赋予它新的意义，从而推动事物的发展。

以上两点——选择刻意的“无知”，把“差距”当成机会，这听起来像领导哲学。伊泰·塔尔格玛所说的第三点即“基调倾听”更像是具体的行为模式。伊泰·塔尔格玛认为，要聚焦于当下，人生中常会有无法预知的可能性，要重视及时对话的力量。基调倾听意味着去理解、去探索、去挖掘更深层的意义。拥有基调倾听能力的领导者，善于创造一个平台，让对话发生，让大家从对话中获得能量，进而推动组织改变。

《指挥大师的领导课》这本书最大的特点，是通过分析六位有名有姓的世界级指挥大师的指挥风格，阐述了六种不同的领导风格。这让我想起了著名心理学家大卫·麦克利兰和他在哈佛大学的学生、情商理论之父丹尼尔·戈尔曼，以及合益集团的大量研究，他们也提出了六种领导风格，我把它们称为“六脉神剑”。

“六脉神剑”分别是，指令型、愿景型、亲和型、民主型、领跑型、教练型。这“六脉神剑”有的锋利、有的柔韧；有的关注短期、有的重视长期；有的推动事的达成、有的主要激发人的动力。据说，这“六脉神剑”一旦有机组合，就能达到刚柔并济、恩威并重、阴阳融合、游刃有余的境界！

但现实中，领导者常常只能用一把“剑”，或者两把“剑”，因为这就是我们的性格，我们只擅长做本色演员。没经过“刻意练习”的人，是很难游刃有余、浑然天成地根据复杂的情景来用好这“六脉神剑”的。

伊泰·塔尔格玛讲的第一位指挥大师，叫里卡尔多·穆蒂，伊泰·塔尔格玛认为他是一个“独裁型领导者”。穆蒂像一台“控制机器”，希望控制一切，他必须掌控全局。穆蒂的控制自上而下，但他自己也感觉到他处于音乐“立法者”的管控之中，背离规则是一种犯罪。他的指令非常明确清晰、不容置疑；他会承担所有责任，也要求完全掌控；他要掌控执行中的每一个细节，不能容忍失误。演奏的音乐只有一种诠释，就是他的诠释。在这方面，音乐的演奏家是没有什么发挥空间的，你不能有自己对音乐的理解和感觉，即使有，在演奏时也要完全照穆蒂的要求去做。

如果你看穆蒂的演出视频，你就可以看到一位君王式的指挥家。他的身体语言就表现出了他的绝对自信，甚至有点傲慢。

这种“独裁型领导者”不允许别人挑战他们的权威，也把下属的空间压缩到最小，他们有做不完的事情，完全无法从发号施令中解脱出来。这里有个小故事。有一次，穆蒂在开始排练时，一位乐手因为看不到身材较为矮小的穆蒂，就移动了一下椅子，因而发出了摩擦声。穆蒂就看着这位乐手，并用低沉的声音说：“各位先生，我的乐谱上没有椅子剐蹭地板的声音！”

这种高标准有没有好处呢？好处肯定也是有的。但毕竟乐手都是专业人士，长期用这种方式来领导乐队，大家就会感到非常压抑，创造性的充分发挥也会受到影响。

有一次，一位首席小提琴手的朋友问他和穆蒂一起演出的效果怎样，他回答说：“还不错，本来可以更好，但他不让我们做得更好”。

这个评价真是一针见血，一语中的！有些偏向专制、独裁、强势、刚愎自用的领导者，他们的业绩也不一定差，因此他们不觉得一定要改。而且我们周围也有不少这样的领导者，业绩成就可能都还不错，为什么要改呢？但问题是，他们可能没想到，结果其实可以更好！

最富戏剧性也有些悲哀的是，穆蒂在米兰最知名的斯卡拉大剧院担任了 19 年音乐总监之后，乐团和剧院的职员以压倒性的投票通过了对他的不信任案。这让他震惊并痛心，最后卷铺盖走人。音乐家们之所以没有支持穆蒂，是因为尽管表演非常精彩，但他们觉得自己只是穆蒂的工具，而不是创造美好音乐体验的伙伴。他们不需要学习和研究音乐，只需要听指令就好了。这样他们对音乐的激情也会慢慢消退。正如一个乐评家说的，“在穆蒂的词典里，充满控制和情绪，没有妥协。与他合作只有一种方式，那就是照他说的做。”

伊泰·塔尔格玛分享的第二类领导是恩威并施的家长式领导者，典型人物是阿图罗·托斯卡尼尼。托斯卡尼尼是意大利享誉世界的伟大指挥家。他曾是意大利斯卡拉大剧院、纽约大都会歌剧院、纽约爱乐乐团、NBC 交响乐团的音乐总监。他的脾气因暴躁而出名，当他情绪失控时会咒骂、尖叫、人身攻击、扔东西、威胁要离开等。他的标准很高，乐手们怕他，但也爱他。他对自己一样严苛，只要他犯了错，就会痛苦万分地咒骂自己：“我真是蠢到极点了！”然后困在自我折磨的痛苦中。

虽然托斯卡尼尼非常严厉，但他很公平。他尊重乐手的努力，有时他就像一个慈父一样，希望大家好，希望乐团好。因此乐手们渴望为“父亲”而力求表现。这是他们的动力。

一次，托斯卡尼尼要求一位乐手再演奏一次，这位乐手不知所措、忧心忡忡地看着他。他说："请再为我演奏一遍，太美了，我从来没想过这段独奏曲能有这么可爱的音色。"

还有一次，演出结束，家人准备了饭菜，叫托斯卡尼尼吃饭，但他回应说，演得这么差，还吃什么饭。结果全家人都没吃饭，早早就休息了。可见他对自己的要求多么高。

现实中家长式的领导风格并不少见。西方有"tough love"（严苛的爱）的说法，中国有"棍棒底下出孝子"的古训。中国人一方面对孩子和员工非常，严苛，一方面又非常慈爱。

伊泰·塔尔格玛提出的第三种领导者叫作照本宣科式的规则型领导者。典型人物是理查德·斯特劳斯。理查德·斯特劳斯说得很有意思："我不是主角，我并非在表演，也不会投入精力，更不会成为乐手或听众的灵感来源，所以我不流汗；演奏音乐的你也不是主角，你不该太过热情或刻意努力，或是用自己的观念或想法，试图去改变做事情的方式。"

在他看来，主角是乐谱，是那些音符。大家都要臣服于乐谱的权威之下。因此，他的要求是照谱演奏，不接受任何诠释，只能执行。青年时代的理查德·斯特劳斯曾经写下"致青年指挥家的十大黄金准则"，有一项简单的准则是"不要流汗"，还有一条是"不要看长号手和其他铜管乐器演奏者，那样只会鼓励他们吹得更卖力"。

如果你看过理查德·斯特劳斯的指挥，你会觉得很有意思。他跟我们看到的很多指挥家的表现都不太一样。绝大多数指挥家都很卖力，好像要用尽全身力气。而他不是。他在指挥时仿佛半睡半醒，偶尔睁开眼睛瞥一下大家。大部分时间他的手部动作微小并单调，好像看起来一点不卖力，参与的热情似乎也很低。这真是世界闻名的大指挥家？

但是据说斯特劳斯非常相信乐手们，他相信乐手们都是专业人士，都会遵守规则而不是质疑规则，都会照本宣科地完成自己的演奏。他不需要乐手们有太多的诠释、太多的主观能动性和额外的创造。

伊泰·塔尔格玛介绍的第四种领导者叫作模糊的精神型领导者，其典型人物是赫伯特·卡拉扬。

卡拉扬是一个来头很大的指挥家。可以说他统治了柏林和维也纳这两个欧洲古典音乐中心长达几十年。他占据柏林爱乐乐团的指挥台长达 35 年，创下了任期最长的历史纪录。他指挥的音乐演奏唱片的销量超过两亿张，至今无人超过。

卡拉扬独特的指挥风格就是“模糊”，他不发出明确的指令，他需要也期望乐手们能凭直觉知道他的每一个想法，乐手们甚至无法从卡拉扬的指挥中得知何时开始演奏。乐队的主要成员（不同乐器分部的首席）必须看着彼此，以摆动身体动作来指挥自己和暗示其他成员。

虽然卡拉扬的这种“模糊”的指挥风格也遭到了一些质疑，但是他认为，给乐手明确的指示是对他们最大的伤害，这对音乐本身是一种破坏。因为乐手们会把注意力放在指挥者身上而无视其他乐手，这就阻碍了有机的团结，破坏了演奏的一致性。避免清晰传达信息是他确保乐手们倾听彼此的方法，也是他们成为管弦乐团的原因。卡拉扬让乐手们对“团结”负责，在内部建立互信依赖的关系。

应该说，这是一种非常独特的指挥哲学和指挥风格。有些乐手受不了这样的不明确。有次一位独奏的长笛手忍不住问卡拉扬：“我不明白您的意思，您想让我什么时候开始吹呢？”卡拉扬回答说：“当你再也无法忍受的时候，就可以开始了。”这种模糊的风格，给了乐手们相当大的创新空间，但也造成了一定的焦虑。但这种焦虑，创造了一种压力，一种创造性的冲突，使得乐团更加合作并互信；也给了乐手更大的自由度和空间，使他们能够更好地去创新。从结果来看，效果是非常不错的。

伊泰·塔尔格玛所介绍的第五种领导者是充分授权的过程型领导者，其代表人物就是卡洛斯·克莱伯。

看卡洛斯·克莱伯指挥演奏，你会感到非常享受！他的身段好像在跳舞，非常具有美感和表现力；同时他的脸上洋溢着笑容，发自内心的、不做作的笑容，你可以感受到他对于他的乐团的自豪感，他的乐手和观众都能感受到！这是怎样的一种感受啊！他在邀请乐手们跟他一起再创造，他的队员有自主的空间可以主动采取行动，而不是被动回应。

在有些时候，演奏到挑战度较高的地方，他甚至会静止不动，这与别的指挥家的处理非常不一样。他认为，这些高度复杂并富有挑战的部分，更需要大家积极贡献。这种对乐手的赋能多有力量啊！此外，他还持续发出赞赏的信号，当他听到非常美妙的演奏时，会表现出深深的骄傲和满足。

伊泰·塔尔格玛所介绍的第六种领导者是终极典范的意义型领导者，其典型人物就是伦纳德·伯恩斯坦。

伯恩斯坦是伊泰·塔尔格玛的老师，所以在伊泰·塔尔格玛的笔下，伯恩斯坦简直是个圣人！他把伯恩斯坦描写成终极的典范领导者。在演奏时，伯恩斯坦和音乐、乐手完全达到了水乳交融的境界，他们展开了一种真正意义上的深刻对话。

有乐手说："他提醒我为什么想成为一名音乐家……他让我找回自己的声音。"伯恩斯坦最大的特点是他会唤起乐手内心的声音，让他们找到自我表达的动力，找到演奏的意义。他说：指挥的价值不只是让乐团演奏，而是让他们想要演奏。然后上百位乐手的感受合为一体，同一时间分享相同的感受，在每一个起伏处、每个点上做出反应，体验到在任何其他地方都无法体验到的感受。这便是最接近爱的表现。

伯恩斯坦最核心的出发点是"意义"，是"为什么"。我们为什么要演奏这种音乐？为什么要听这种音乐？搞清楚"做什么""如何做"可以使我们变得优秀，但只有清楚"为什么"才能使我们卓越。让我们通过一个例子，看他是怎样激发乐手们的意义感的。

有一次，伯恩斯坦指挥一支非常年轻的乐团，乐手年龄都在 16 至 24 岁。其实他们的经验并不是很丰富，他们渴望得到大师的指导。那次他们排练的是《罗密欧与朱丽叶》。

他对年轻的乐手们说："罗密欧与朱丽叶都是 16 岁，如果你们演奏不出那种感觉，我不知道哪支乐团能做到。肯定不是汉堡爱乐乐团或波士顿交响乐团。”大家笑了。他的意思是：尽情发挥吧！以自己的身份来演奏，你们是罗密欧与朱丽叶充满青春活力的化身！伯恩斯坦就是用这种方式让乐手们摆脱束缚，让他们展现自己的优势，让他们用自己的声音来演奏。伯恩斯坦给了乐手们创造意义的平台，但乐手们需要自己创造意义。音符很重要，重音、节奏和演奏时机很重要，但缺少了意义，一切就变得毫无意义了。

伯恩斯坦认为，一旦乐手们找到可以共享的意义，他们就能相对容易地自我组织，几乎不需要他的帮助。

在一次排练当中，伯恩斯坦突然叫停，他说：“我觉得你们都太有礼貌了，教养太好了。”听到这里大家都笑了，显然他要开始批评人了。他接着说：“这首曲子是野兽风格的，但你们演奏得如此高雅温柔。”你看，他批评人的时候一开始就解除了人们的武装，大家都没有自我防卫机制，听得进他的批评。

最后，伊泰·塔尔格玛集中地评论了一下这六位音乐指挥大师：

穆蒂把乐手的参与当作工具或乐器；托斯卡尼尼把乐手当作他父权臂膀下的孩子；理查德·斯特劳斯以照本宣科的原则限制他的乐手；卡拉扬相信乐手会遵照他的想法，而且只照他的愿景去执行；克莱伯只邀请乐手在专业方面合作和共享责任；而伯恩斯坦召唤乐手以完整的人格来加入音乐创作、演奏、倾听、作曲或指挥。这种“全人”（whole-person）模式定义了他的主要沟通方式：在情感、智慧、音乐甚至道德等层面的包罗万象的对话。

看了这六种指挥领导风格，你觉得哪一种最好呢？你最喜欢哪一种呢？你觉得你最缺哪一种呢？

你也许会说，其实没有哪一种是最好的，要看具体情况！要看乐手、观众、曲目等的情况，然后判断什么风格最好。这种权变式、情景式领导风格虽然很好，但问题是，人都受限于自己的价值观以及个性行事，就怕具体应用时难以抉择。

就以价值观来说，以上六位世界级的指挥大师，对于指挥的价值都有非常不一样的看法，对于乐手们在多大程度上需要发挥主观能动性、多大程度上去诠释音乐并根据自己的理解去发挥也都有非常不一样的看法。对于音乐指挥与乐手的关系，他们内心有不同的图画，这就极大影响了他们的指挥风格。同时，这六位指挥大师的个性也非常不一样，若要让他们违背自己的个性来调整自己的指挥风格，显然不是一件容易的事情。

但拥有多元化、情景式指挥风格显然是很有帮助的。要做到这一点，首先要对自己作为领导者的价值观有觉察，并不断调整自己的价值观，使它能够与时俱进；其次要通过刻意练习，学习修炼其他的领导风格。从模仿另外一种风格开始提升自我。

第6节
为什么我们的老板很少表扬我们

这一周，你得到老板的表扬了吗？上一周呢？这个月呢？去年以来，你得到了多少次来自直接上司的表扬呢？

很多人在回答这个问题时一脸尴尬和茫然。确实，他们发现，他们的顶头上司已经很久没有表扬过他们了！

是他们做得不好吗？还是老板根本没有看见？或者是老板干脆就不关心呢？

多年来，我们收集了大量各级管理者的行为数据，发现很多人因为得不到老板的表扬而沮丧；但同时，他们的下属也抱怨得不到他们的表扬。

是大家都做得太差，不值得表扬吗？还是要求太高，觉得没有什么可以表扬呢？或者是不善于表达？

尽管我们的下属对表扬如饥似渴，但我们还是非常吝啬我们的表扬。“做得好不是应该的吗？”“不批评就是表扬”，我们常常是这样想的，也是这样说的。

我们为什么这么吝啬于表扬别人？

首先，我们可能真的不懂表扬他人的力量和价值。

绝大多数人都需要得到认可和赞美，这是人性决定的。当然有的人得到外界认可和表扬的诉求强烈一点；有的在这方面的诉求稍弱一点。但除了极少数自虐狂或者心理不太健康的人，没人不喜欢听好话、听表扬的话。

表扬对于绩效提升至少有几个好处：

- 员工明确了理想的行为是什么，知道了组织、领导和周围的人看重什么；
- 作为一种积极强化的工具，促进了被表扬的行为的重复出现、持续发生；
- 对于受到表扬的人是一种重要的、有时甚至超过物质奖励的强激励；
- 在组织中树立了行为榜样，促进了社会学习。

如果管理者真正意识到表扬具有这么多、这么大的力量和价值，是否会尽可能多地采用呢？

其次，我们没有表扬他人的意识和习惯。

小时候，爸妈会跟老师说："别总是表扬我的孩子，他会骄傲的！"

就这样，我们很多人在批评声中长大，渐渐失去了表扬人的意识、动力和能力。当我们无法口吐莲花的时候，我们的内心是否也已经不再盛开莲花？

我们非但没有养成赠人玫瑰的习惯，反而一路走来养成了以挑刺为乐的习惯。

比如，我们开完一个会、做完一个项目邀请大家复盘的时候，很多人一开口就是哪里哪里不好。为什么人群中有这么多人，一眼望去只看到毛病、缺点、问题和失误呢？而且你也指出缺点、我也指出缺点，一个本来干得不错的项目，乍听起来浑身都是错，让组织者、参与者灰头土脸，一点成就感都没有。大家于是草草收场，然后灰溜溜地回家。我发现有不少组织、不少团队还真养成了这样的习惯。每遇到一件事情，大家复盘的第一句话就是，好的就不说了！问题主要表现在一、二、三！要纠正这种习惯，首先可以倡导在复盘等流程中实事求是地评功论赏。总结什么地方做得好，既是一种激励和认可，也是一种集体的学习。当然，另一个极端“报喜不报忧”也需要留意。

最后，我们不会表扬人。

我们如果只是拍拍同事的肩膀说“干得不错”“讲得不错”“组织得不错”常常会让人感觉我们很虚伪。

学会表扬人的关键就是真诚。

有了真诚之后，还要求表扬要具体：什么地方好，具体是什么。

比如对一个同事的简报做评论，最好能表扬一些具体的地方。

例如，“你的数据收集得非常翔实”“你用的分析工具让我耳目一新，很喜欢”“你发言时引用了前一位同事的观点，跟其他同事的发言做了很好的连接”“你讲的时候很有热情，看得出来你很相信自己的提案”“你在发言中，充分肯定团队集体的贡献，这让我印象深刻”“你这次的 PPT 做得比前几次更加动人”，等等。

只要我们留心，我们到处都能看到别人的优点、亮点、闪光点。我们只要真诚地把这些直接说出来就好了！

另外，表扬人还要及时。及时的表扬才有效。

总体来说，中国企业通常都缺乏表扬、正面激励严重不足，这其实是中国企业在文化上的一个通病。事实上，我们放弃了一个重要的激励人、释放人的潜能的方法。

要想成为一个好的管理者和领导者，真诚地表扬他人吧！请在组织中带动大家真诚地互相表扬吧！

第 7 节
领导者与下属谈话的三要素

领导者和管理者经常需要与下属谈话，谈话的目的非常丰富：为了布置任务、为了谈绩效、为了了解情况、为了解决冲突，等等。

领导者与管理者需要花不少时间与下属谈话，因此需要好好计划，以提升效率和效果，否则确实对不起自己和他人的时间！

领导者和管理者在与下属谈话之前的规划，以及谈话之后的复盘中，都可以自问以下三个问题：

1. 这次谈话是否给下属注入了能量？

领导者非常重要的任务就是为整个团队和组织注入能量，这件事要时时做、天天做。一个简单的指标就是，谈话结束之后，下属是信心更足了、斗志更旺盛了，还是正好相反。当然，这种能量注入最好是双向的，领导者和管理者也非常需要获得鼓舞和灵感！

2. 对未来的方向是否更明确了？

每次谈话都可能要交换信息、提升觉察以及判断现状，但更重要的是，当谈话结束的时候，双方对下一步的目标更明确了。

因此，当谈话结束的时候，领导者和管理者需要自问一下，我们双方对当前的任务和未来的方向更加明确了吗？下属的疑虑和困惑消除了吗？

3. 是否提升了能力？

如果领导者和管理者把每次与下属的谈话都看成是一个帮助双方提升能力的机会，那就太好了！

作为领导者和管理者，永远需要戴好两顶帽子：老板的帽子和教练的帽子。

辅导员工是领导者的天职！如果每次谈话都能对双方的能力提升有帮助，那真是功德无量。

领导者和管理者啊，不要轻易放过每次与下属谈话的机会！

第 8 节 于危机中展现领导力

“当战争打到一塌糊涂的时候，将领的作用是什么？就是要在茫茫黑暗中，用自己发出的微光，带领你的队伍前进。”《战争论》里的这段话，也许是对危机领导力最好的诠释了。

战争是一定会打到一塌糊涂的时候的，茫茫黑夜和黑暗是肯定躲不过去的。但真的猛士、真正的领导者，敢于直面惨淡的人生、敢于正视淋漓的鲜血，能够保持非凡的定力，持续发出微光，带领着一帮也许是无助甚至绝望的人们勇敢前行！

勇敢前行的目的是什么？借用丘吉尔曾经说过的话：“胜利！不惜一切代价去争取胜利！无论多么恐怖也要争取胜利！无论道路多么遥远艰难，也要争取胜利！因为没有胜利就没有生存！”

1. 危机中的战略定力

危机情况瞬息万变、不少关键信息被掩盖被包装、专家们七嘴八舌莫衷一是、有同事贪生怕死不敢担当、不同利益相关方有多元诉求和多重压力、你自己有内在的道德良心和价值观，这一切统统纠缠在一起，如同一团乱麻，让你的世界濒临崩溃，深感人生从来就没有这么艰难过，严重时甚至痛不欲生。怎么办？

为了生存、为了战胜危机，我们需要战略定力！

拥有卓越危机领导力的人，展现出非凡的战略定力，真正能够做到“泰山崩于前而色不变，麋鹿兴于左而目不瞬”。战略定力首先需要我们有效管理自己的恐惧。

害怕和恐惧是必然的，焦虑、沮丧、感到无力也很正常。我们首先需要承认和接受这些情感，并把它们转变为我们的力量！

第一要想办法睡觉！睡好觉！抓紧时间休息！

睡好觉才有清醒的头脑，才不会出背招。所以各级管理者和领导者、前线将士都一定要千方百计想方设法睡好觉。

实在没有时间睡觉，或者无法入睡甚至用了安眠药也无法入睡，可以试着花十分钟的时间练习打坐、冥想和正念。尽可能让自己每天入静十分钟或几个十分钟，闭目养神也好。现在市面上有很多这样的正念、冥想 App 可以下载试用。

第二要互相打气！特别是高层领导，更加需要给大批干部勇气、信心、希望和鼓舞。能拍肩膀的拍肩膀，不能拍肩膀的用微信、递纸条的方式加以鼓励，或者给他们一个赞许的眼神、翘起来的大拇指、分享一段放松神经或鼓舞斗志的音乐等方式，怎么方便怎么来！当体力和脑力都到了极限、人被基本掏空的时候，精神鼓励和心灵鸡汤或许还有点用处！

现在到了培养表扬人、鼓舞人、激励人的习惯和能力的时候了！特别不要再对下属或同僚用威胁性的语言了！大家已经没有什么力气了，就不要再说打击士气的话了！一个赞许的眼神、竖起来的大拇指、一段放松神经或鼓舞斗志的音乐等，都能鼓舞人的斗志。

第三要学会积极自我暗示。要找到自己给自己打气、鼓劲的独特方式。

我在自己人生灰暗的时候，曾经反复用两句话激励自己，其中一句我觉得很应景："奋斗啊，奋斗啊，奋斗啊！只管奋斗哪怕看不到希望！"

丘吉尔的那句名言也很管用："永远、永远、永远、永远、永远不放弃！"

当然战略定力和勇气，只是危机领导力的一部分，在危机中领导队伍赢得胜利，还需要智慧和决策！

2. 危机中的决策

危机情况下，决策正确极其艰难，错上加错时有发生。

谁来决策、如何决策，常常是一个大问题。

一般情况下，组织对于紧急项目的决策过程都有预案，决策链条也可能较为清晰。但当重大危机来势凶猛、不给预警、事情的发展也大大超出了我们的经验和想象时，决策链条不清、决战目标难定，人人都想帮忙、无人承担责任，消息瞬息万变、形势错综复杂。

非常时期，一定要展现危机领导力，迅速建立战时决策体系，尽快结束模糊和混乱状态。

这个时候就需要及早任命决策人物，这个人要有勇气，敢担当，并能够领导跨领域团队，同时设计并建设决策团队、运营团队、专家团队、信息共享与协调团队等多个团队。除了明确责权之外，还需要界定团队运营中的游戏规则和行为准则，例如在两个势均力敌的人物和观点发生冲突时，如何应对、谁做裁判。

危机领导力既致力于明确责权、设计规则，又鼓励就地创新、即兴发挥，以提高整个系统的弹性和敏捷性。危机当口，防不胜防。整个系统不能太过刚性，而要容忍随机应变、灵活处置。

危机中的决策，还需要与所谓的“认知偏见”做斗争。

决策中的认知偏见有很多，典型的包括：过度自信，过于轻敌；过度倚重某人的知识和经验；过于主观，因此只看到自己想看到的数据和事实；目标飘移多变；人云亦云等。这些都是在决策过程中管理者和领导者失去客观性和理性的重要原因。

为了提升危机中的决策质量，可以考虑建立 B 团队。所谓 B 团队由各路专家组成，指定一个强有力的领导者领导，即时分析、审视 A 团队的所有决策，扮演后排驾驶员角色，提供独立意见和反馈，并把整个决策过程记录在案。B 团队也是预备队，随时准备冲上一线。

3. 危机中的组织和文化建设

危机不管是台风、地震、洪水、火灾还是大规模传染病的爆发，对于组织的敏捷性要求很高。

谁都没有水晶球，无法准确预知未来。因此，整个系统需要能够容忍见机行事、见招拆招、就地创新、即兴发挥的行为。

中国不少企业中都存在森严等级结构导致的弊病：唯上、部门利益各自为战、不担风险害怕出错、照章办事而不能随机应变、普遍缺乏心理安全感而不敢直抒己见等。

从个人行为来说，很多企业的管理者和领导者最大的问题就是不敢说真话！由此造成了很多企业普遍存在的“系统性信息失真”，而这恰恰是组织失去战斗力、走向衰亡最重要的原因。

上述特征在应对危机的过程中对系统的破坏性更大！因此需要拿出勇气和危机领导力，迅速调整组织体系和文化，以适应紧急情况，同时大幅度提升组织的敏捷性和应变能力。

例如，要尽可能给予一线员工自主决策权，允许“将在外，君命有所不受”；要重新改写与前线将官的心理契约，让主事者了解，善意的错误和失误将被容忍，一切以办妥事情为出发点；要改造组织氛围和文化，提升各级管理者和领导者的心理安全感，形成有话直说、直抒已见的文化，容忍甚至鼓励

“犯颜直谏”式的忠诚行为。同时，领导者要从自己做起，成为“闻过则喜、反求诸己”的榜样！

卓越的领导人，一定是卓越的危机领导人！卓越的危机领导人，一定会在危机发生前、危机发生中、危机发生后时时刻刻关注如何提升整个系统的持续生存能力。

危机发生前，他们致力于不断打磨、升级战略规划和危机管理预案，提高整个组织的风险意识和危机管理能力。

危机发生中，他们展现出强大的战略定力、提高整个系统在危机中的决策能力、升级整个组织的敏捷文化和应变能力。

危机发生后，他们不浪费危机带给我们的启示，领导整个组织进行认真复盘、深刻反思，并且展现勇气，全方位推动整个体系的升级和进化。

第9节 最好的老师和老板，从不在内心放弃任何一个人

对我一生影响最大的老师是我初高中的班主任宋宝权老师。

初中时，我是班级里最捣蛋的学生，而且是每一位老师都觉得很头疼的学生。

宋老师成为我们的班主任之后，独具慧眼地看到了我的特别，竟然破格提拔我做了班委成员。这在当时可是一个“大官”啊！这个举动，不仅让同学们受到了惊吓，连我自己也受宠若惊！

但我很快进入角色。可以想象，一个被长期不看好的捣蛋鬼，一旦被人看重，会迸发出怎样的能量！

我以难以形容的热情投入班委的工作中！记得我当时的头衔好像是劳动委员，就是要组织全班同学打扫卫生的那种岗位。但做什么不重要了，弼马温大小也是个天官，我成了班里重要的人物了！

宋宝权老师是一个很有办法的人！

他当时不过三十出头，但很有学问，文理科都能教。那时他帮助我们复习数学参加数学竞赛。我在他的辅导下很快崭露头角，在校内和一流重点学校校际数学竞赛中频频获奖，声名鹊起，一时自我感觉极好。

他还非常善于培养我们的领导力和意志力，组织我们进行队列训练，自己编剧和演戏。在无数次被暴晒到差点晕倒之后，我们的正步走似乎都达到了专业水准！

另外，宋老师还建立了班干部点评制度。在一天结束时，班干部要上台给全班同学做点评。因此我常常上台做点评，每次都能讲一个多小时！相信当时很多同学都恨死我了！

我跟初高中班主任宋宝权的情谊，一直保持到现在。

最让我惊喜的是，我们中学毕业之后，宋老师不断突破人生边界，重塑自己的人生：

- 40 岁的时候，在不会说流利英语（学俄语出身），也根本考不过托福和 GRE 的情况下，获得了美国大学的全额奖学金，攻读教育学硕士学位；
- 回国之后做起老板，创办私立高中；
- 随后跨界进入企业咨询领域，成为知名的讲师、教练和企业顾问。

应该说，我见证了他不断拓展人生空间、不断重塑自己的奋斗经历。我感谢他，也为他感到骄傲！

而宋老师带给我最重要的启迪，就是永远不要放弃一个人！

不管这个人是你的孩子、你的学生、你的同事，或者你的亲戚朋友，永远都不要放弃他，认为他无药可救、认为他不会有大出息、认为他不过尔尔。要相信人的潜力，相信在一定的条件下每个人都会改变，我们只管去创造这个条件就好！

现在我知道了，这就是所谓的“成长性思维”。

有时，我们真要怀抱“知其不可为而为之”的慈悲心，相信每个人的潜力，相信相信的力量，帮助我们自己和我们周围每一个人持续成长！

第 10 节 从 WeWork 创始人被解雇谈如何做好创业企业 CEO

WeWork 上市进程叫停，创始人和 CEO 亚当·诺伊曼也被解雇了！

著名的创始人被解雇一定会引起轰动，上次是优步的卡兰尼克，这一幕好像还在眼前。

这一切的发生，表面上的原因包括：公司估值从 470 亿美元大跌到 100 亿美元左右，盈利遥遥无期，商业模式能否持续很成问题，等等。但相信事情不会那么简单。

虽然这一切发展得太快，真相还需要时间才能慢慢明朗。但《快公司》杂志发表的布鲁克（Brooker）的文章，以及最近的一些报道，让我们有机会一窥事情的来龙去脉。

而我所感兴趣的是，诺伊曼是怎样的一个人？他到底有没有人家说得这么好或人家说的那么坏？他到底是天使还是魔鬼？他的未来会怎样？有没有可能像乔布斯那样卷土重来？

首先我们先来看一下关于他的负面报道。

- WeWork 亏损严重，仅 2019 年上半年就亏损 9 亿美元；赚 1 美元要亏 1 美元
- 涉嫌假公济私

诺伊曼把自己名下的地产租给 WeWork。

向公司巨额借款；用公司资金购买私人飞机，主要供诺伊曼和他的家人专用。WeWork 领投一项 3200 万美元的投资，对象是诺伊曼的一位冲浪好友创立的零食企业。投资团队感到困惑，这一投资似乎不符合公司“空间是一种服务”的战略。

- 性格暴烈，独断专行

报道说他不喜欢听反对意见，拥有专横的管理风格。员工对他的计划提反对意见时，他会惩罚员工，比如撤职、调岗或剥夺资源等。有匿名被采访的高管说，诺伊曼是一个不希望现实被戳穿的人。这些接受采访的人都战战兢兢，生怕被报复。诺伊曼的脾气暴躁据说也是臭名昭著的。他有时破口大骂、羞辱下属，或让人干一些不可能完成的工作。

据报道，诺伊曼还经常半夜给人打电话，有时口气很愤怒！当然事后有可能道歉。

据报道，有一次诺伊曼在众多管理者面前，当众表示他们中的一个人背叛了他，然后他要求这位主管自己站出来。

诺伊曼曾经的 COO 专门帮他处理人事相关的事务。大家认为她手上有一张将要被炒者的名单，诺伊曼特别有可能对那些不忠诚的和批评过他的人下手。

- 吸毒酗酒、花钱大手大脚

《华尔街日报》和其他媒体报道过诺伊曼在私人飞机上吸毒，以及上班时间或见大客户之前痛饮的情况。

- 任人唯亲、搞小圈子

有报道说，诺伊曼的妻子丽贝卡权力很大，甚至在上市招股书上都写着，如果诺伊曼有什么三长两短，丽贝卡可以任命新的CEO；他的小舅子担任首席产品官。另外他还有一帮小时候在以色列的玩伴在公司担任重要职务，例如北美区和以色列公司的一把手、业务开发总监、执行副总裁、安全总管等。

员工们说这是一个可怕的团伙，因为这些人对诺伊曼极度忠诚，他们有时会随机出现在会议中坐下来听会。

还有一次，他邀请管理者在傍晚一起冲浪。事后，他明确表示他留意到哪些人没去，而去的人明显就是“战士”。

从上述描述来看，诺伊曼好像是个魔鬼。但又有其他很多信息，让他看起来像个天使。

- 白手起家，逆袭的励志青年

诺伊曼出生在以色列，童年多灾多难，父母离异，在单亲家庭长大。最后能够创办像WeWork这样改变世界的企业，真是逆袭成功的楷模。

● 极富远见、屡败屡战的连续创业者

在以色列退役之后，诺伊曼来到美国创业。他一开始做女性高跟鞋，失败；再做童装，基本破产。他屡败屡战，开始做起为创业者和自由职业者提供办公空间的二房东。他先打环保牌，无果。2010年他开始主打“工作社区”概念，希望为人类创造完全不一样的工作空间和生活方式，旨在“提升人类意识”。

● 他的一位董事在背后也评价过他极富远见，不断向未知世界挺进。

另外，诺伊曼身高近两米，拥有模特面相和身材，极富魅力和煽动性，因此也打动了众多投资人和像微软这样的大公司客户。

● 勇于探索、不断进取

通过迭代更新，诺伊曼创造出不一样的办公、教育、居住和大公司灵活办公空间等产品。每一类产品都有不少创新。

为乔布斯作传的伊萨克森说，诺伊曼像乔布斯一样，非常善于看到大格局、大画面；孙正义曾说过，WeWork就是下一个阿里巴巴。

最有意思的是，在诺伊曼自己的对外演讲发言中，他不断强调自我成长、家庭和孩子、友谊和团队协作；而且非常强调在公司运作中，塑造健康、积极的文化，强调使命驱动、创造一个更美好的世界！

看到以上报道或描述，你到底相信哪一种描述？你相信他是魔鬼还是天使？

诺伊曼到底是一个内心真实、怀抱创造一个美好世界的理想和愿望，但有些缺点还在进化中的创业者以及一个有点天真但脱离实际的 CEO，还是一个言行不一、极度自私、善于表演的伪君子？

在移动互联网时代，真相几乎不存在。就像尼采曾经说过的，没有真相，只有诠释！

况且，人性复杂。一个人身上，可能既有天使的一面，也有魔鬼的一面。

遥想乔布斯当年，被亲手打造的苹果赶出去的时候，一定被泼了很多脏水，否则怎么证明董事会是对的呢？

如果没有后来的英勇和荣耀的再度崛起，乔布斯不仅不会被人如此推崇，而且历史的记忆将永远停留在他当年的耻辱上。

因此，还是中国人说得好：试玉要烧三日满，辨材须待七年期；路遥知马力，日久见人心！真正看明白一个人，还是要耐心等待、缓做判断！

WeWork 的故事刚刚开始，创始人诺伊曼的故事可能也才刚刚拉开帷幕。

成王败寇，诺伊曼走到今天这一步，到底是因为烧钱太快、估值狂跌、商业模式存疑等商业原因，还是因为诺伊曼张扬的个性以及被人质疑的行为，谁知道?

但不管怎么说，一个以色列新移民，一穷二白，毫无根基，在创业这档子事上，说干就干！一路挣扎、屡败屡战，最后竟能创造共享办公新模式，下出这样一盘大棋，难道不令人感到艳羡吗?

新潮的、社交互动的、支持系统完备的、来去灵活自如的、全面刺激创造力的共享办公模式，必定有其存在的理由和生存的空间。

但毕竟这是一种全新模式，发展过程必定一波三折、进两步退一步。因此把握战略定力、有耐心有毅力、不受欺骗拒绝诱惑，既胸怀大志又脚踏实地，对于成功至关重要。

但从公开报道和 WeWork 重要干部的私下分享中可以推测，创始人诺伊曼在高歌猛进、众星捧月、财富暴涨的情况下，确实出现了好大喜功、忘乎所以的言行举止。这绝对会影响他的判断力和关键决策！

依靠谦虚谨慎并不能成就任何一家企业，但骄傲自满、狂妄自大，被暂时的胜利冲昏头脑，绝对可以自毁长城。

秦人不暇自哀，而后人哀之；后人哀之而不鉴之，亦使后人而复哀后人也。创业路上，这样的故事还少吗?

诺伊曼的未来会怎样?没有水晶球可以预测。但我们还是希望，这次重大挫折，可以成为他脱胎换骨、凤凰涅槃的契机，让他再创辉煌。

江东子弟多俊杰，卷土重来未可知！这句话用在诺伊曼身上不妨改一下：创业小子多俊杰，卷土重来未可知！

第11节 微软传奇CEO萨提亚是如何重塑微软文化的

最近，微软在其产品发布会上推出六大新品，包括双拼电脑和折叠手机。传言多年的Surface手机终于露面，微软正式发布了搭载定制安卓系统的双屏折叠手机Surface Duo。

自CEO萨提亚2014年年初上台以来，微软股价大涨，达到万亿美元市值，稳稳地进入了全球市值万亿美元俱乐部。

错过了移动互联网的微软，之所以重获投资人的青睐，显然是依靠在云计算、智能硬件、量子计算和人工智能等方面的强劲布局，重新展现了其巨大的增长潜力。

企业要可持续发展，两种能力很重要：一是做大最强，即企业要增长到一定规模、并且保持一定的独特优势，以创造独特的价值；二是成功穿越经济周期和管理周期，一个不能有效抵抗经济周期的企业不会长久，一个无法从发展低谷中凤凰涅槃的企业也无法成为百年老店。

因此，研究像微软这样的航空母舰如何复兴的故事，就变得很有借鉴意义；研究像萨提亚这样的 CEO 怎样领导微软这样的大型企业脱胎换骨，就更引人入胜。

萨提亚 2014 年年初上台至今，短短六年多，就把微软从业务经营了无生气、股价低迷徘徊不前、员工信心处于谷底的状态中拉了出来，重获了客户、员工和投资人的信任，市值也重回顶峰。更重要的是，微软已经展现出重振雄风的气势，极大地扩展了自己的战略生存空间。这种巨无霸企业的迅速转型和复兴并不多见。微软是怎样做到的？萨提亚是怎么做到的？

从萨提亚自己写的《刷新》这本书的描述来看，成功地重塑微软的文化，似乎是微软过去六年多，重振雄风的关键！

萨提亚在《刷新》一书中说道："我把改造公司文化列为首要任务。我们要重新发现微软的灵魂，重新发现我们存在的理由。我认识到我的主要任务是管理我们的文化，唯有如此，微软 10 万名充满创造力的员工才能更好地塑造我们的未来。"

他还说："每一个人、每一个组织乃至每一个社会，在到达某一个点时，都应点击'刷新'——重新注入活力、重新激发生命力、重新组织并重新思考自己存在的意义。""只要人和文化重塑、再生了，那么结果就是复兴。"

真正对文化有如此深刻的认识，并且把文化看成是最重要的杠杆或抓手的一把手并不多见。

要谈文化和文化重塑，首先让我们来谈一下企业文化的定义。

根据维基百科，组织文化（Organizational Culture）或者企业文化（Corporate Culture）是指一个组织共有的价值观、仪式、符号、处事方式和信念及其特有的行为模式。

埃德加·沙因（E. H. Schein）认为，组织文化是组织学习适应外部环境变化以及整合协调内部组织结构时，发现和发展出来的一套基本假设，这套基本假设指导着组织中人的行为。

这些定义看起来文绉绉的，不好理解。我因此提出了一个简单的工作定义：组织文化就是组织中发生过的一切故事的总和，它反映了组织中占主导地位的价值观和行为。

定义了什么是组织文化之后，让我们来讨论一下组织文化为什么重要。直觉上，组织壮大之后，老板事实上看不到，也管不了每个人，但又希望每个人以某种方式应对每天的工作和人际关系。

在现实中，各类企业用得最多的关于文化和价值观的词包括：客户导向、团结协作、诚实正直、创新进取等。这些词好像都是你抄我、我抄你，没什么新意。更要命的是，这些漂亮的词句常常只是最高领导者的美好愿望。在很多企业中，只是挂在嘴上、贴在墙上、写在本子上的口号，其实难以真正落地。

微软和它的 CEO 对文化的重要性认识相当深刻。萨提亚在《刷新》这本书中，提到了“微软三角形”的概念。萨提亚认为，任何一个好的概念，可能是战略或商业模式，要真正变为现实，需要另外两大要素：一是能力、二是文化，否则，想法再好也无法实施。萨提亚把文化看成是任何一个想法要真正落地最重要的一环。

想想也是，有多少好的想法和概念无法落地，要么是缺乏能力、要么是文化不支持。很多企业实践你学不会，比如以前人家说的“丰田你学不会”或者“海底捞你学不会”，不是说他们的方法有多难，而是核心的底层价值观你很难拷贝。

那么，萨提亚具体是如何从文化入手，重塑了微软的呢？

根据《刷新》这本书的描述，我帮萨提亚总结出一个“六脉神剑”式的模式。分别是：重塑灵魂、重建班子、挑战传统、刷新价值观、建立机制落地价值观、行为干预。

具体萨提亚怎么做的，效果怎么样呢？

六脉神剑第一招：重塑灵魂

萨提亚上台之后，首先考虑的就是重塑微软的灵魂。

萨提亚知道，相当长的一段时间以来，微软似乎进入了中年危机，有点迷失和迷茫。不知道自己到底靠什么安身立命。

那么萨提亚是如何迈出第一步，为微软重新定义使命和灵魂的呢？

首先他从客户那里寻找灵感。他马不停蹄地拜访了很多客户，倾听客户的声音，向客户请教。

然后他从微软人这里寻找灵感。与几百位微软人交流，并且举办焦点小组会议，也让员工匿名发表意见，以倾听他们内心的声音和诉求。

萨提亚也进行了自己的深度思考。

终于，在上任 5 个月之后，他做出了回答。

2014 年 7 月 10 日上午 6:02，他给全员十万多名员工发送了一封类似于宣言书的邮件！

这当然是大家——员工、客户和投资人——盼望已久的一份宣言。

为什么期待已久？因为天下“苦秦久矣”！大家对在斯蒂夫·鲍尔曼治下的微软抱怨很多，毕竟错过了移动互联网的大势，微软变得不再“性感”了。

还有，也有不少微软人并不看好萨提亚。

这些微软人的心理，萨提亚很能体会。他精心挑选了这个时点发送这封宣言，希望所有微软美国的员工在上班时间收到这封邮件；同时全球员工在周末之前收到这封邮件。

在这封邮件中他说：“为加快创新步伐，我们必须重新发现我们的灵魂，即我们独一无二的核心；我们必须理解并拥抱只有微软才能带给世界的东西，以及我们如何才能再次改变世界。我认为，我们当前所做的事情比以往更大胆，也更富有野心。微软是‘移动为先，云为先’的世界里提供生产力和平台的专家。我们将重塑生产力，赋能全球每一个人、每一个组织成就不凡！”

萨提亚在邮件中还写道：“我们将开发更具前瞻性、更具个性化和更具辅助功能的软件。很快，这个世界上接入互联网、传感器和物联网的人就会达到 30 亿。是的，个人计算机销量正在下滑，所以我们要把尼采所说的‘直面现实的勇气’改成‘直面机遇的勇气’。我们要赢得数十亿的联网设备，而不是忧虑不断萎缩的市场。”

员工们反响热烈！仅仅在邮件发送后最初的 24 个小时里，萨提亚就收到了数百封来自公司不同地区和不同部门员工的回复。他们说，邮件中提到的“赋能全球每一人、每一个组织成就不凡”，让他们深受鼓舞，并表示要将这一精神运用到日常工作中；这些人包括程序员、设计师、市场营销人员和客户支持专员等。很多人都提出了有益的建议和想法。很多人在邮件中表示，在多年的挫折之后，他们感受到了一种新能量。

同时，萨提亚把这封邮件的副本提供给了媒体，媒体也进行了积极的报道和响应。

大家应该还记忆犹新，2019 年 9 月 10 日，阿里巴巴在成立 20 周年之际，宣布全面升级企业的使命、愿景、价值观。

阿里巴巴重申了企业的使命：“让天下没有难做的生意”，还修改了愿景：“我们不追求大，不追求强，我们追求成为一家活 102 年的好公司；到 2036 年，服务 20 亿消费者，创造 1 亿就业机会，帮助 1000 万家中小企业盈利。”

阿里巴巴的“新六脉神剑”对原有价值观做了较大的改动，变得非常接地气：

客户第一，员工第二，股东第三；因为信任，所以简单；唯一不变的是变化；今天最好的表现是明天最低的要求；此时此刻，非我莫属；认真生活，快乐工作。

据了解，阿里巴巴的“新六脉神剑”出炉历时 14 个月，前后修改过 20 多稿。其过程看来比微软的萨提亚重新提出微软的使命更复杂、花的时间也更长。意识形态领域建设的背后，必然有深思熟虑的组织领导者在推动。

这一点可以理解，萨提亚上台之后，工作一定是千头万绪、焦头烂额的，大家眼巴巴地等着看新老板的主张和思考。他的压力比马云和张勇的还要大。

但这种被萨提亚称为是“灵魂”的使命、愿景、价值观到底有什么用，为什么像微软这样的大公司要这样上心，花这么多的时间思考、开会、讨论、沟通，咬文嚼字，做足文章？

这里的关键是，组织是由人组成的，人是需要精神支持的，人也是最需要有意义感的。一个能提供意义感的组织，才有可能凝聚人心，做长期的、艰苦卓绝的奋斗。

萨提亚认为，管理人员需要定期沟通，管理人员需要以身作则，并且体现一致性。他向高管团队提出了这样的挑战：“在明年结束的时候，如果我们在法院被审判，指控罪名是我们没有追求我们的使命，那么是否有足够的证据判决我们有罪？”

他还说：“我们必须付诸行动，让我们的员工看到我们在强化使命、愿景和文化方面所做的种种努力。这样一来，大家也会照着做。”

他还提出，这些使命、愿景、价值观的“灵魂”，还决定了我们如何组织团队、如何汇报成果，并指引我们去哪里，以及与谁见面。

可见所谓“灵魂”并不是纯粹空洞的东西。

只要最高层持之以恒、言传身教、以身作则，并以此作为架构组织、衡量绩效、任命干部的指引，假以时日，这些虚的东西就会慢慢变实，并成为很难模仿和复制的竞争优势！

六脉神剑第二招：重建班子

萨提亚知道，领导班子不强大，微软这支10万人众的大军，就没法真正动起来！

但他毕竟是内部提拔上来的，这就意味着原来的领导班子中有他的同僚甚至老板。大家一定是以复杂的心情，等待着他出招。

他是否拥有足够的自信？他靠什么一剑定乾坤？他制胜的那一招是什么？

可以想象，萨提亚从前任那里承接的班子，个个都有光鲜亮丽的背景，个个都是狠角色。否则你怎么接得住招，承受得了那份压力，玩得起这个高层游戏?!

但显然，这并不是一个理想的领导班子！

萨提亚自己说：“一名漫画家将微软的组织系统描绘成敌对帮派结构，大家相互用枪指着对方。漫画传递的信息很明白。作为一名在微软工作了25年的老兵，一个百分之百的局内人，这幅漫画反映的问题确确实实困扰着我。”

他还说：“我觉得我们应该加深彼此之间的了解，深入发掘每个人背后的激励因素，而作为领导者，我们也应该将人生哲学与各自的工作结合起来。我知道如果我们放下那些指向彼此的枪，并将我们的集体智慧与能量注入一种新的使命中，我们就可以重新找回最初激励比尔·盖茨和保罗·艾伦的梦想，即让先进计算机技术全民化。”

显然，他认为现在的领导班子彼此不理解、不信任、缺乏使命驱动，还互相攻击。

确实，成功的领导班子都是相似的，不成功的领导团队各有各的毛病。

有的领导同床异梦，勾心斗角；有的像铁路警察、各管一段；也有的相敬如宾，貌合神离；虽然凤毛麟角，但也有领导班子达到了“胜则举杯相庆，败则拼死相救”的境界！但又有多少团队，能够真正做到“使命驱动、志同道合、心心相印”呢？

研究发现，很多叱咤风云的企业一把手，他们可能善于创新商业模式，展现出极强的战略思维能力，但他们不一定是训练有素的团队领导者。治得了天下、治不了左右的一把手比比皆是。领导班子需要建设、需要经营。而这一切，都需要一把手拥有特殊素质和能力。

看来萨提亚是拥有建设和经营领导班子的特殊素质和能力的。

他出的第一招是改变高层会议的形式和内容。也许他也不一定心中有底，因此他把这个改变说成是一项“试验”。

他开始召集高级领导团队进行每周的班子会议，来讨论重大机遇和挑战并做出决策。

要知道，这样的大型机构的领导班子每周要开一次会议，难度是很大的！但他这样做了！

在一个周五的早晨，萨提亚把班子成员带到一个氛围轻松的房间，坐在舒适的沙发上围成一圈，并且各自都把手机收起来。他请来了一个正念冥想老师带大家练习冥想，同时引导大家做分享。

大家分享了自己的人生哲学和人生故事。轮到萨提亚分享的时候，他讲了自己非常深刻的内心体验。

萨提亚的第一个孩子生下来就是重度脑瘫。他讲了自己和太太一路走来，是如何应对这些令人痛苦的经历的，分享了自己的同理心在这一人生悲剧中得到发展的经历。

这样的会议、这样深刻的个人分享，估计之前在这个团队中没有发生过。萨提亚的这一精心设计，以及他自己掏心掏肺的分享，在这个领导班子成员之间产生了一些化学反应，营造了不同的气氛。

但如果重建班子只是多搞几次正念冥想练习或者多搞几次团队户外活动就可以，那事情就太简单了。

萨提亚除了塑造团队氛围和促进互相理解之外，还重新调整了领导班子成员。

在阐述新的使命和愿景后几周之内，萨提亚调整了他的领导班子。他从高通引进了业务拓展负责人，从麦肯锡引进高管担任首席人才官，把一位老微软人从奥巴马政府中请回来担任首席战略官，并在原来两个平级的市场营销负责人中选定了一个担任营销负责人，还把萨提亚原来的云业务搭档提拔起来出任微软云和企业业务负责人等。

这一大批高管的引进和任命，相信在当时有令人眼花缭乱的感觉，毕竟这是一家巨无霸式的大公司。但这一过程也显示出萨提亚做事的果断，因为这也意味着让一些人不爽，甚至让一些人离开。

谁上谁下、谁进谁出，是领导班子重建中最重要的决策。萨提亚的果断决策基于这样的一些原则：

目标：让领导班子成为一个有共同世界观和有凝聚力的团队。具体需要做到：

1. 每个人都有超能力（各个领域都有高手把关）；
2. 能够接纳彼此的问题、促进对话并有高效率；
3. 在使命、战略和文化上保持一致。

此外，萨提亚还在最高层领导班子之下，再组建了一个约由 150 位高管组成的扩大的领导团队。

可见，萨提亚在重建领导班子方面，表现出了相当高超的智慧和手段！

六脉神剑第三招：挑战传统

新官上任三把火！

每个新上台的领导者，总会搞一点事情出来，发起一些反传统的、具有象征意义的举措。通过这些举措，新老板希望传递一种不一样的信号，也是昭告天下——我来了！

萨提亚在上任初期做的几件事情就很有象征意义。

一是打破层级。

微软每年都要开一次由 150 名高管参加的战略务虚会。这是拥有 10 万员工的微软最高层的 150 名领导者达成战略共识的会议。

萨提亚这次打破了传统，跨越等级地邀请了一些管理者（特别是那些可能拥有新观点、新视角的被收购企业的创始人）参会。关键是，这些管理者本来级别不够，没资格参加高层务虚会。这种破格邀请，也意味着他们的上司可能未被邀请参会。

大家知道，大公司非常讲等级、讲规矩。能否参加大老板召集的年度战略务虚会，是天大的事情。如果高管没有受到邀请，这常常是一种信号，也肯定是一种打击，因此这种做法并不太受欢迎！

但恰恰是这种做法，有可能让最高层听到新鲜的观点、创新的建议；同时淡化了等级的森严感，更有利于塑造务实和敏捷的文化。

作为刚刚上任的 CEO——特别是萨提亚并不能算是众望所归的接班人——一上台就做这种不太符合大公司游戏规则的事情，需要相当大的勇气和自信，也表现出萨提亚舍我其谁的内心能量！

萨提亚还做了另一个不受欢迎的决定。

他要求在务虚会的第一天，150 名高管一起拜访客户。这一决定也遭到了白眼和抱怨。大家说，我们每天都见客户呀，公司最高层的 150 名高管，来自全球各地，时间宝贵，为什么要我们花这么宝贵的会议时间去见客户？大家的潜台词可能是，你以为我们不懂客户吗？这不是浪费时间吗？

但萨提亚不管这些叽叽喳喳的声音。他还把这件事情做得很正式。

在务虚会的第一天早上，大家先在会议室集中，然后分成十几组，分头乘车前往不同的地方，拜访中小学、大学、大企业、非营利机构、初创企业、医院等。拜访回来之后再组织他们讨论。有人一定会嘀咕，为什么这样兴师动众、劳民伤财？

其中的深意，我们都理解吗？

Windows10 操作系统在非洲发布是另外一个非常具有象征意义的大手笔。当时，微软营销负责人为 Windows10 在巴黎、东京或纽约发布准备了非常炫目、美轮美奂的计划。他们进行了激烈的辩论，最后萨提亚否决了原有精心准备的计划，拍板去肯尼亚做这次发布。

萨提亚主张，为什么我们不以实际行动，来展现我们“赋能全球每个人”的使命呢？

以上几个例子，展现出萨提亚作为微软新掌门人的信心和能量；同时也传递了强烈的信号：

打破等级、追求真正的创意；

靠近客户、倾听客户、赋能客户；

培养全球视野、赋能全球客户。

当然，这几招也向大家明白无误地宣示：该搞清楚了——谁是老板？

六脉神剑第四招：刷新价值观

刷新微软的价值观，是萨提亚重塑微软的重要一环！

他反复提到的微软价值观，包括以下几点：

- 以客户为中心
- 寻求多元化和包容性
- 一个公司、一个微软
- 成长思维

以客户为中心，每家公司都这么说。这对于微软人到底意味着什么？

萨提亚特别强调这几点：保持好奇心、对客户保持同理心、保持对客户的洞见、倾听客户。

看起来萨提亚是一个很有同理心也非常关注同理心的人。这跟他个人经历有关。他的第一个孩子得了重度脑瘫，因此他和太太有段时间经常出入重症病房。这种人生体验使他对人有深刻关切，并善于理解他人的处境。这种同理心不仅有助于领导团队、与人协作，也有利于对客户产生洞察。

多元化和包容性很重要，这常常是创新的重要元素。但保持多元化和包容性并不容易，你需要让人讲话，表达自己的想法。但七嘴八舌需要时间、众说纷纭可能会牺牲效率。有时，那些破坏性的行为，甚至会披着“多元化和包容性”的外衣，事实上损害了企业的文化和价值观。

一个公司、一个微软。这项价值观要求大家拥有大局观。一切以全局为重，打破边界壁垒，塑造共创、共享的局面。

在很多组织中，本位主义、山头主义、部门壁垒、自我中心的情况比比皆是。这样，很多大公司协同作战的优势就被浪费和破坏了！这是萨提亚非常强调“一个微软一盘棋”的原因。

在微软新的价值观中，一个非常重要的概念就是“成长思维”。成长思维的核心就是用发展的眼光看人与事。

萨提亚对这一理念好像走火入魔了！他到处讲、时刻讲。一个一把手这样相信一个理论，很少见到。正因为如此，别人也就把它当真了！

萨提亚说：“我们每天都要问一问自己，今天我在哪些方面保持了固化思维？在哪些方面保持着成长思维？”

六脉神剑第五招：建立机制落地价值观

说老实话，价值观这个东西容易写、容易说，但难落地！难就难在从纸面的价值观到行动的价值观，距离可不止十万八千里！

想想也是，铁打的营盘流水的兵，每年都有这么多新人加入，每个人都带着自己的假设、习惯、思维模式和工作习惯。新人的加入在不断稀释组织的文化和价值观。

萨提亚做了什么，以推动新的价值观落地？

最令人印象深刻的是，萨提亚发起了“黑客马拉松”活动。这是一个历时一周的活动，其出发点就是通过一个载体，让微软人能够聚焦客户、拥抱多元、协同作战、相互学习！

微软发起“黑客马拉松”的第一年可谓盛况空前！来自83个国家和地区超过1.2万名员工建立起了3000多支跨部门的团队、发起了3000多个黑客项目。他们做的项目也可以说是五花八门、应有尽有。比如终止视频游戏中的性别偏见、为残疾人提供更便捷的计算服务、改进产业供应链运营、帮助失读症孩子提高学习成绩，等等。

1.2万人可是个可怕的数字！这意味着微软全球超过10%的员工参加了这场为期一周的“嘉年华”！他们一周内消耗的炸面圈、鸡肉、小胡萝卜、啤酒和咖啡就难以计数！微软毕竟是大公司，不差钱、花得起。但更重要的是，成千上万来自全球各地的微软人联合组队、跨边界合作、从客户的角度出发，抱着成长思维挑战自己、同事和组织，事实上推动了微软新价值观的落地。

六脉神剑第六招：行为干预

此外，萨提亚作为一把手，毫不回避关键时刻的冲突，通过行为干预，塑造新的价值观和文化。

在一次高管会议上，萨提亚对着 150 名微软最高管理者，提到了这样一件事。

一位管理者私下里跟萨提亚说："我非常喜欢成长思维，但我知道有五个人没有成长思维。"

萨提亚说道："这位管理者把成长思维当作是抱怨他人的工具。这不是我们的出发点。"

他接着说，"如果你是副总裁和合伙人，这种抱怨就应该停止了。你不能说这也不好、那也不好。"他还用了一句有强烈个人色彩的话：

"作为这家公司的领导者，你的工作就是在狗屎堆里找到玫瑰花！"

相信全体高管都感受到了萨提亚的期望，这种来自一把手的直接行为干预，是塑造文化和价值观的重要方式。

萨提亚领导微软这样的巨无霸企业，在短短五年内转型成功，为我们提供了一个 CEO 如何重塑一家大型企业重要案例。在这个过程中，萨提亚所展现出来的手段、勇气、远见和智慧，值得我们好好学习借鉴。

第12节 微软招人看什么

最近 *Inc.* 杂志报道了微软招人的标准，特别提到了微软CEO萨提亚强调的两点：

- 该候选人是否创造了清晰度（Clarity）？
- 该候选人是否带来了能量（Energy）？

这两点说得很有意思，因为简单，才有力量。

仔细想想，一位员工、一位领导者如果能够思维清晰、沟通明确、把复杂问题拆解得非常清楚，同时又能给同事、给团队带来能量，这种员工不就是我们的所爱吗？

清晰（Clarity）和能量（Energy）这两条标准，似乎阴阳搭配、刚柔并济、软硬兼施。既有强大脑力解决问题，又对团队进行了能量加持，似乎就是成就事业的必要条件。

很多企业都有自己的招人标准，或者是提拔领导人的标准。这些标准常常非常完整，面面俱到。例如亚马逊就有“14条领导力原则”，但当你看到最后一条时，可能已经忘了第一条是什么。因此在实践中运用这种“长名单”非常复杂并且难以操作。

因此，我比较欣赏微软的这种做法，把对候选人的要求减少到令人印象深刻的两三条。这样容易理解、沟通和应用。

但话说到这里，在 *Inc.* 杂志的文章中，萨提亚并没有解释如何来甄别谁拥有这两种品质。例如，在面试中，你如何确定这位候选人是否有能力促进“清晰度”和创造“能量”呢？

在实际工作中，这常常是管理和领导者困惑的地方。事实上，很多组织在甄别干部方面都做得不好；不少管理者也没有掌握必要的方法来甄别和选拔干部。让我们就用萨提亚所说的“清晰度”和“能量”来简单介绍一下组织和管理者能怎么做。

首先我们不妨定义一下，萨提亚提出微软所需要的“清晰度”和“能量”具体是什么意思？

有理由推测，萨提亚的微软希望各级管理和领导者具备高度思维的能力，可以清楚地拆解问题，在错综复杂的一团乱麻中迅速找到头绪、发现问题的症结和本质；能够在清楚地找到问题的因果关系之后，为组织和团队提出前进的明确方向和打法；同时又能够非常清晰地把自己的思考过程和结论呈现给大家，以说服大家往某个方向前进。大家可以想象，在重大危机面前，这一点不仅更为重要，也变得异常具有挑战性！

而所谓为大家带来“能量”，萨提亚可能希望微软的管理者和领导者，能够通过自己的言行举止、言传身教鼓舞他人、激发他人、激励他人、推动团队，完成不可能的使命，达到前所未有的境界！这种“能量”，特别在艰难困苦的环境中，在大家都犹疑不决、缺乏信心的情况下，将更加淋漓尽致地表现出来。正所谓沧海横流，方显英雄本色。

假设我们基本准确地定义了“清晰度”和“能量”，那我们怎样在面试和其他情境下进行甄别和判断呢？

甄别和判断“清晰度”的方法有很多，以下三种值得参考：

1. 案例面试法：麦肯锡等战略咨询公司在判断人的思维能力时，常常用这样的方法。拿出几个现实的挑战性问题，让候选人在很短的时间内，提出自己对问题的分析和解决方案。这种方法最重要的不是看你提供的答案，而是看你怎么收集信息、整理信息、分析拆解问题、判断因果、厘清头绪、提出解决方案。因此，你的思维过程最重要。用案例面试法，借助一个打分规则，很容易将多个候选人排出名次。

2. 思维能力测评法：市场上早就有经过长期验证的测评工具，有助于甄别和判断人的思维能力，效果不错。

3. 行为事件访谈法：邀请候选人讲几个亲身经历的故事，挖掘候选人在解决挑战性问题的过程中，是如何分析问题、厘清头绪、提出并沟通解决方案，然后解决问题的。事实上，在使用行为事件访谈的过程中，也会发现候选人是如何鼓舞团队、激励干部和员工、为组织和团队“注入能量”的。借助一套打分体系，面试官也很容易将候选人分出高低。

招什么人、不招什么人；用谁，不用谁，是组织中最重要的管理决策。因此学会甄别和判断人，是管理者和领导者需要掌握的关键技能。

第 13 节
创业十年后，你还是这个房间里最聪明的人吗

创业十年后，你是否还是房间里最聪明的那个人？

创业一开始，一把手往往是公司里最聪明、最勤奋的人！

你什么都干，什么都能干！

开发产品、推销服务、寻找金主、建立团队。你是房间里最聪明的那个人。

创业十年了，业务跑通了，团队长大了。你还是房间里最聪明的那个人吗？

你需要参加每次重要的会，带领大家讨论产品、讨论模式、讨论管理、讨论融资、讨论组织，讨论一切。没有你，没有你的同意，任何一件重要的事情都不会往前走。大家都等着你拍板，每天你的办公室门口都有很多人排队，大家跟你分享数据、观点、建议，也跟你发泄不满。

每次会议结束之后，你都觉得很有成就感、满足感。你发表了很多观点、提供了很多建议，也做了很多决定。

你自己感到，自己是这个房间里、这家公司中最聪明的那个人！

是的，你真是房间里最聪明的那个人！十年前如此，十年后还是这样！

盖茨曾经说过类似的话，大众可能过度神话了乔布斯和盖茨对各自的企业所获成就的贡献。其实没有团队的集体智慧，他们两个都无法让苹果和微软达成今天的成就。

乔布斯绝对具有看见未来的能力，这从一些细节就能看出来。回归苹果公司之后推出的第一款产品叫 iMac，这款产品在技术上并没有大的突破，但在外形设计上增加了很多人情味，使人很容易在外观上将其与其他看似平庸的竞品区分开来。另外乔布斯还做了两个判断：为 iMac 配置光盘驱动器而不是软盘驱动器；加上了电话线或网线插口，乔布斯预见到未来个人电脑离不开互联网，还在“Mac”之前加了一个“i”，既有互联网的隐喻，又提示人们“i”代表我，是我的电脑。也为后来的“i”家族做了铺垫，简直是神来之笔！

iMac 虽然在速度和功能上并没有优势，但让评论家大跌眼镜的是，它问世之后卖出了 200 万台，成为苹果公司多年来第一款大卖的产品，可以说是乔布斯卷土重来之后初战告捷的第一枪。这也是乔布斯与设计神童艾维的初次合作。

然后的故事都是历史了。

但是，回顾乔布斯卷土重来、再创辉煌的神奇历史，他在构建团队、运用团队力量方面，变得相当老道。乔布斯的第一团队个个都不是等闲之辈，都是超级人才。最重要的特征是，大家都非常敢讲话，敢跟乔布斯叫板。

乔布斯虽然更加有耐心了，但他的臭脾气时不时还会展现。可是他的手下常常会把他顶回去。这种跟老板叫板的情况